Marianne Zink · Zwölf-Minuten-Geschichten

Marianne Zink

Zwölf-Minuten-Geschichten

R. BROCKHAUS

R. Brockhaus Raben-Buch 523

3. Auflage 1993

Umschlaggrafik: Dietmar Reichert, Dormagen
Zeichnungen im Innenteil: Hans Deininger, Stuttgart
Gesamtherstellung: Breklumer Druckerei Manfred Siegel KG
ISBN 3-417-23523-5

INHALT

Sechs Worte auf Zeichenkarton

Vielleicht hast du schon einmal im Krankenhaus gelegen. Bastian sah die neue Kinderklinik bisher immer nur von außen. So im Vorbeifahren mit dem Stadtbus.

Aber jetzt liegt er in einem der vielen Krankenzimmer, in einem frischen, weißen Bett.

Es stimmt zwar, was seine Eltern gesagt haben: Es ist hübsch hier, denn überall hängen lustige Figuren an den Wänden. Das breite Fenster hat eine bunte Gardine, auf dem Fenstersims steht ein großer Blumenstrauß.

Sicher gehört er dem Jungen, der in dem anderen Bett liegt. Er heißt Markus, hat die Schwester gesagt.

Als Bastian vorhin mit seiner Mutter kam, lachte ihn Markus aus seinen Kissen heraus freundlich an.

Aber Bastian – Bastian ist es nicht zum Lachen. Absolut nicht! Denn seine Mutter ist fortgegangen. Nach Hause. Und er mußte hierbleiben!

Sonst, wenn er mal krank war, ist Mami immer bei ihm gewesen. Jetzt ist das anders, obwohl er auch krank ist. Oder so etwas Ähnliches wie krank. Aber hier kommen fremde Schwestern! Und seine Mami ist fort.

Wenn wenigstens seine Kinderärztin da wäre, die er so gern mag! Sie hat ihn zu Hause untersucht und gemeint: »Das kann ich dieses Mal nicht kurieren. Wahrscheinlich ist es der Blinddarm.« Dann hat sie ihn hierhergeschickt, ins Kinderkrankenhaus.

Ach – was wird der fremde Doktor mit Bastians Blinddarm tun? Überhaupt mit seinem ganzen Bauch? Bastian liegt still da und guckt zum Fenster hinaus. Bäume sieht man da. Grüne Bäume. Und ganz auf der Seite ein Dach.

Nun zwickt es wieder in seinem Bauch. Ziemlich stark. Bastian muß direkt das Knie ein bißchen anziehen. Sicher dieser dumme Blinddarm!

»Bäume haben es gut. Und Häuser«, denkt Bastian. »Die kriegen nie Blinddarmschmerzen!« Traurig, daß er so allein ist. Und die Angst – diese Angst . . .

»Wie alt bist du?« ertönt es neben ihm.

Ach so – Markus! Er ist also doch nicht ganz allein. Bastian guckt zum anderen Bett hinüber: »Sieben Jahre.«

»Prima«, meint Markus. »Da bin ich gerade ein Jahr älter als du.«

Bastian hat es sich fast gedacht. Markus gefällt ihm. Wenn nur der blöde Blinddarm nicht wäre – und dieses bange, bange Gefühl!

»Dir ist wohl ziemlich komisch, oder?« erkundigt sich Markus teilnahmsvoll.

Die Tür öffnet sich. Eine Schwester kommt herein. Eine junge, freundliche. »Markus, jetzt kriegst du wieder deine Spritze«, sagt sie.

Auf einem blanken Schälchen legt sie ein paar Dinge zurecht. Bastian streckt den Hals, aber die Schwester steht halb davor. Er kann nichts Rechtes sehen.

»Bitte – nicht so tief piksen heute, Schwester Ingrid!« ertönt es aus dem Bett von Markus. »Wenn es geht . . .«

Die Schwester lacht. »Ich werde mir alle Mühe geben! Verlaß dich darauf!« verspricht sie.

Markus dreht sich auf die andere Seite.

Und Bastian kriegt plötzlich ein bißchen Gänsehaut.

Wegen der Spritze! Wird er etwa auch eine bekommen? Heute kann er gar nicht so tapfer sein wie sonst.

Er horcht zum anderen Bett hinüber. Aber – zu hören ist nichts. Es riecht nur auf einmal irgendwie nach Arzt, nach Krankenhaus.

»Du, Markus«, hört nun Bastian die Schwester sagen, »stell dir vor: In der vergangenen Nacht bin ich ein paarmal aufgewacht. Der Krankenhauskater hat so laut gesungen! Entsetzlich laut und jämmerlich! So: mauauo mauauauoo – direkt vor meinem Fenster!«

Markus kichert. »Du hättest ihm Wurst runterwerfen sollen!« meint er.

»Denkst du!« erwidert die Schwester. »Nein – als es mir schließlich zu dumm wurde, hab ich das Katzentier einfach mit Wasser begossen. Das half schlagartig!«

»So was«, sagt Markus. »Der arme Kater!«

»So, wir sind fertig!« erklärt Schwester Ingrid. Sie richtet sich auf. »Heute hat es nicht sehr gepikst – oder?«

Irgendwelche Sachen klappern. Sie will gehen.

»Halt!« ruft Markus. »Schwester Ingrid – bitte, hast du irgendeinen Klebestreifen?«

Die Schwester bleibt stehen. »Ja, natürlich! Wozu brauchst du ihn?«

Markus erklärt: »Meine Schwester hat mir gestern etwas mitgebracht zum Aufhängen.«

»Aha.« Schwester Ingrid überlegt. »Hier an der Schranktür wäre Platz. Gut – ich bringe dir gleich ein Stück Streifen zum Ankleben. Ist dein Bild groß?«

Markus zeigt es mit seinen Händen. »Es ist kein Bild!« setzt er hinzu. Doch die Schwester ist schon draußen.

Nun kramt Markus in der Schublade seines Nachttischs.

Dann hält er etwas hoch: ein weißes Stück Pappdeckel. Oder Zeichenkarton, wie ihn Bastian auch auf seinem Malblock hat.

Darauf ist etwas geschrieben, einige Worte, mit roten und blauen Buchstaben. Aber Bastian kann es nicht lesen. Das Blatt ist zu weit entfernt.

Da dreht sich Markus. Er beugt sich vorsichtig herüber und hält Bastian das Blatt entgegen, so weit es eben geht. Nun erkennt Bastian die Buchstaben. Sechs Wörter sind es genau: »ICH BIN DER HERR, DEIN ARZT«, liest er halblaut. »Herr« und »Arzt« sind rot geschrieben. Die anderen Wörter sind blau. In die Ecke sind rote Kreuze gemalt.

Ein seltsamer Spruch! Mit »Herr« ist ja wahrscheinlich der Herr Jesus gemeint. Oder Gott?

Bastian ist sich nicht sicher. Aber er traut sich nicht, seinen neuen Freund zu fragen.

»Schön«, sagt er zu Markus. Und Markus legt sich wieder in sein Bett zurück, seinen Spruch in der Hand.

Ja, der Herr Jesus müßte gemeint sein, denkt Bastian. Dabei fallen ihm Geschichten aus dem Religionsunterricht ein. Geschichten, wie Jesus Kranke gesund machte; den Blinden, der wieder sehen konnte, den Gelähmten, der wieder laufen und seine Matte forttragen konnte. Und an die Sache mit den aussätzigen Männern erinnert er sich auch – wie sie geheilt wurden, alle zehn! Klar: der Herr Jesus konnte gesund machen. Wie ein Arzt.

Bastian mag diese Geschichten gern. Sie enden so gut! Aber bisher hat er immer gemeint, das seien eben nur Geschichten. Alte Geschichten – von früher. Ob er doch Markus fragen soll?

„ICH BIN
DER HERR
DEIN
ARZT"

Da kommt Schwester Ingrid mit einem Röllchen Klebestreifen wieder.

Markus streckt ihr den Wandspruch entgegen: »Hier, das ist es! Kerstin, meine Schwester, hat's mir geschrieben«, erklärt er. »Weißt du, im Kindergottesdienst hat der Pfarrer was vom Kranksein gesagt. Und man soll sich dann diesen Vers neben sein Bett hängen. Zum Drandenken! Es ist ein sehr alter Spruch, hat der Pfarrer gesagt. Aber er gilt immer noch.«

Schwester Ingrid hat inzwischen das Stück Zeichenkarton genommen. Mit geschickten Händen befestigt sie es an der gelbgestrichenen Schranktür, direkt neben Markus. Bastian kann es auch sehen.

»Na, dann schau dir deinen Spruch richtig an!« meint die Schwester. »Übrigens wird gleich die Visite zu euch kommen!« Sie eilt hinaus.

Bastian wird wieder unruhig. Es ist soviel Neues, Unbekanntes hier. »Die Visite – ist das auch eine Schwester?« will er wissen.

Markus lacht los. Bastian fährt erschrocken zusammen.

Auf einmal hört Markus auf zu lachen. »Auah – ich kann noch nicht lange lachen – ich darf eigentlich gar nicht richtig lachen . . .«, stöhnt er, »meine Bauchnaht – weißt du! Sie tut nämlich weh. Sie ist noch nicht ganz verheilt . . .« Er gluckst nur noch ein bißchen vor Vergnügen.

»Sei nicht bös«, sagt er dann zu Bastian hinüber, »aber das war zu ulkig! Eine Visite ist etwas ganz anderes. Überhaupt nichts Schlimmes! Da kommt bloß der Professor und guckt nach uns. Das ist der Chefarzt. Oder es kommen andere Doktoren. Oder alle zusammen. Und die Schwester Ruth ist auch immer dabei.«

Schwester Ruth – das ist doch die ältere Schwester. Mit den netten, blauen Augen. Sie hat Bastian zuerst gesehen. Vorhin, als er gebracht wurde. Sie hat auch alles von ihm aufgeschrieben. Nun – das ging ja. Aber wenn der Doktor seinen Bauch . . .

Die beiden Jungen hören Stimmen draußen. Dann geht die Tür weit auf. Aha, die Visite! Bastian bekommt rasendes Herzklopfen.

Zuerst sieht er einen großen Mann mit weißem Kittel, freundlichen Augen und grauen Haaren. Das muß der Professor sein! Dahinter eine Ärztin und ein Arzt. Jüngere Leute. Und am Schluß Schwester Ruth mit einer blauen Mappe.

»Na, da ist ja unser Zuwachs«, sagt der Professor. »Guten Tag.« Er hat eine tiefe Stimme, aber eigentlich nicht zum Fürchten. Er kommt auf Bastians Bett zu und gibt ihm die Hand, eine feste, behutsame Hand.

Bastian fühlt, wie er rot wird. »Guten Tag«, erwidert er. Nur gut, daß sich nun alle Markus zuwenden!

»Geht's gut, Markus?« will der Professor wissen. »Viel Sonntagsbesuch gehabt gestern?«

»Och – ja«, erklärt Markus. »Das Zimmer hier war ziemlich voll: Tante Petra, Oma, Mutti und Vati und Kerstin. Und meine Schwester hat mir etwas gemalt: Das da!«

Er deutet auf den Zeichenkarton mit dem Spruch auf der Schranktür, den Schwester Ingrid hingeklebt hat.

Alle gucken dorthin.

Der Professor setzt seine Brille auf. »ICH BIN DER HERR, DEIN ARZT«, liest er laut. Es ist einen Augenblick ganz still.

»Schön«, sagt der Professor dann. »Sehr schön!« Er

wendet sich Markus zu. »Wenn du einen solchen Arzt hast, brauchst du mich ja eigentlich nicht mehr! Oder, Markus?«

Ob der Professor Spaß macht? Bastian sieht, wie der junge Arzt und die Ärztin lächeln. Lachen sie Markus aus?

Aber Markus setzt sich hoch und holt tief Luft. »Nein«, entgegnet er ernsthaft, »so ist das nicht. Ich brauche Sie natürlich noch, Herr Professor! Und zwar sehr: für die Spritzen und die Schmerzzäpfchen – und überhaupt, daß Sie nach meinem Bauch gucken. Aber dafür, daß die Medizin auch wirklich hilft – und daß alles richtig heilt – und ich wieder ganz gesund werde, dafür ist der Herr Jesus da! Das muß er machen. Wenn er will. Darüber haben wir im Kindergottesdienst geredet. Und meine Mutter sagt, das stimmt!«

Markus ist fast die Puste ausgegangen. Er hat ganz rote Backen gekriegt, vor lauter Eifer. Bastian staunt. Er hätte das nicht so sagen können!

Der Professor setzt sich zu Markus auf den Bettrand. »Das hast du uns prima erklärt!« sagt er und streicht Markus über den Arm. Dann schlägt er die Bettdecke zurück und meint: »Nun wollen wir aber mal sehen, wie es dem Bauch geht!«

Die junge Ärztin und der Arzt kommen an die andere Bettseite. Bastian sieht nur noch ihre Rücken. Und am Bettende Schwester Ruth. Sie blättert in ihrem Heft, oder was das ist.

Markus kann er nicht mehr sehen. Markus ist ganz still. Nur der Professor murmelt etwas vor sich hin, und Schwester Ruth schreibt in ihr Heft.

Bastian schaut weiter umher. Ach, ja – der Spruch an der Schranktür! Die sechs Worte auf dem Zeichenkarton.

Eigenartig: vorhin hatte er an die Geschichten aus den Religionsstunden denken müssen, an die alten Geschichten. Aber jetzt sind sie auf einmal gar nicht mehr so alt!

Markus ist älter als er. Aber Markus denkt nicht, das alles sei nur früher gewesen, vor langer, langer Zeit. Markus weiß, daß der Herr Jesus immer noch gesund macht. Jetzt und heute! Hier im Kinderkrankenhaus, zusammen mit den Ärzten. Markus glaubt es, und der Professor auch.

Gilt es dann nicht auch für Kinder, die etwas am Blinddarm haben? Es gilt sozusagen für ihn – Bastian. Eigentlich eine tolle Sache!

Er bemerkt, daß der Chefarzt aufsteht, auf ihn zukommt. Auch die Ärztin und der junge Arzt drehen sich um. Und Schwester Ruth geht an das Fußende seines Bettes. Sie nickt ihm zu.

Bastian ist ganz ruhig. Angst – so wie vorhin – hat er nicht mehr.

Sie kommt auch nicht, als die Hände des Professors ihn betasten und es an einer Stelle des Bauches sehr weh tut. Zuerst murmelt der Professor wieder mit den anderen.

Bastian paßt dieses Mal ganz genau auf. Und er versteht auch etwas von dem Gemurmel. Aber es sind ganz fremde Worte. Ziemlich komische. Ob das wohl so eine Art Doktor-Chinesisch ist?

Plötzlich redet der Professor wieder richtig und deutsch, und zwar zu ihm.

»Ja, nun«, meint er, »wir werden dir helfen können. Dein Blinddarm ist krank. Wir werden den bösen Plagegeist herausholen, ehe er noch schlimmere Geschichten macht! Allerdings muß zuerst noch verschiedenes untersucht werden. Aber das haben wir bald! Schwester Ruth telefoniert gleich mit deinen Eltern. Damit sie Bescheid wissen.«

Er nimmt die Brille ab und schaut zum anderen Bett hinüber. »Nicht wahr, Markus, du bist froh, daß du deinen Blinddarm los bist?« Markus nickt.

»So wird es dir auch gehen«, verspricht die junge Ärztin. Sie sagt das zu Bastian beinahe so, wie seine Frau Doktor daheim.

»Nachher komme ich noch einmal zu dir.« Schwester Ruth hat sich zu ihm gebeugt und sagt es halblaut.

Schließlich verschwindet die »Visite« hinter der breiten Tür. Die beiden Jungen sind wieder allein.

Bastian liegt still da. Irgendwie ist ihm leicht zumute. Trotz allem, was kommen wird.

»Die sind doch Klasse, nicht?« fragt Markus. Bastian findet das auch. Überhaupt gefällt es ihm jetzt schon ganz gut hier: der Professor und die Ärzte, Schwester Ruth und die lustige Schwester Ingrid. Das Zimmer und die Blumen und die Bilder – alles. Und vor allem: Markus!

Eigentlich müßte der Spruch jetzt heißen: »Ich bin der Herr, euer Arzt.« Weil sie es jetzt beide wissen! Und weil ihn alle beide brauchen!

Muttertag und Katzenzungen

Antje rutschte auf ihrem Stuhl hin und her. So eine Frage!

»Was gefällt euch an eurer Mutter am besten?« wollte die Lehrerin wissen.

Wie kam sie gerade darauf?

Doch rings um Antje streckten sich einige Finger in die Höhe.

»Ihre Frisur«, meinte Simone.

Frauke rief: »Daß sie so gute Sachen kocht und für jedes Wochenende Kuchen backt!«

Und Andreas: »Mir gefällt, daß sie oft lustig ist!«

Als Olaf drankam, sagte er: »Meine Mutter kann so prima Geschichten erzählen.«

»Und meine strickt tolle Pullover!« Alle sahen auf Carmens neuen roten Pulli.

Antje überlegte. Eigentlich traf das auch auf ihre Mutter zu. Vieles wenigstens.

Aber das Beste? Das Wichtigste? Das Schönste? Das war es trotzdem nicht. Es mußte etwas anderes sein. Irgend etwas.

Antje dachte und dachte. Plötzlich merkte sie, wie Frau Laube zu ihr hersah.

Ach so – die anderen holten gerade ihre Lesebücher heraus. Antje beeilte sich, das auch zu tun. Dann hatte sie keine Gelegenheit mehr zum Überlegen. Sie lasen nämlich zusammen ein Gedicht: »Wünsche für die Mutter«. »Am kommenden Sonntag ist ja Muttertag«, sagte Frau Laube dazu.

Antje erschrak. Oh – daran hatte sie überhaupt nicht gedacht! Sonst hatte ihr Papa mit ihnen überlegt, wie sie Mama eine Freude machen könnten – er selbst, Antje, Oliver und auch der kleine Johannes.

Doch nun war Papa auf einem Kurs. Ziemlich weit fort. Er konnte also nichts vorbereiten! Das bedeutete, daß Antje dran war!

Heute begleitete Nina Antje nicht auf dem Heimweg. Sie mußte irgendwo etwas abholen gehen. Das war Antje gerade recht! So konnte sie ungestört weiter nachdenken.

Allerdings wäre sie dabei um ein Haar mit einem alten Herrn zusammengestoßen. Vielmehr mit seinem ungeheuer dicken Bauch!

Eines war ihr klar: Ein Lied mußte am Muttertag dabei sein. Am besten, sie weckten Mama damit!

Ach ja – dazu mußte sie am Samstagabend um Mamas Wecker bitten. Sonst stand Mama wieder als erste auf! Antje würde für sich den Wecker stellen und dann ihre Brüder wecken, damit sie zusammen den Kaffeetisch decken und alles andere vorbereiten konnten.

Ganz vergnügt über diese Pläne sprang Antje daheim die Treppen hoch. Immer zwei Stufen auf einmal.

»War es so schön in der Schule?« fragte ihre Mutter. »Eigentlich nicht – doch – ja!« stotterte Antje. »Ich freu mich eben – nur so!«

Sie durfte doch nichts verraten!

Mama lächelte. Aber sie fragte nicht weiter. Glücklicherweise! Vielleicht ahnte sie etwas?

Außerdem kamen gerade Oliver und Johannes daher. Sie brauchten dringend etwas zu trinken.

Am Abend saßen Oliver und Johannes ganz brav in Antjes Zimmer. Mama schaute nur herein. Dann ging sie wieder. Antje konnte mit ihren Brüdern ungestört beraten. Sie sprachen im Flüsterton miteinander. Für alle Fälle!

»Ich kaufe einen Blumentopf für Mama!« erklärte Oliver. »Die Pflanze am Küchenfenster bei Frau Kleine drüben gefällt ihr so gut! Beim Gärtner stehen noch solche! Ich habe viel gespart! Fünf Mark!«

Vor Eifer wäre er beinahe laut geworden.

Antje nickte. Das war eine gute Idee! Sicher würde sich Mama freuen!

Johannes allerdings schien ratlos. Er war erst zweieinhalb Jahre alt.

»Ich geb der Mama einen Tuß!« schlug er schließlich vor. Ein Kuß war das Liebste, das er zu geben hatte! Er gab ihn auch nicht ohne weiteres jeder Tante, die gerade mal zu Besuch kam. Nur jemandem, den er richtig lieb hatte!

Antje war jedoch nicht ganz einverstanden. »Das ist zu wenig«, meinte sie.

»Dann geb ich ihr hundertneunundneunzig!« entschied Johannes. Das war die größte Zahl, die er sich denken konnte!

Antje und Oliver mußten lachen.

»Weißt du«, sagte Oliver, »es sollte doch irgend etwas Besonderes sein. Küsse kriegt Mama ja jeden Tag von dir! Meist sogar mehrere! Vielleicht weißt du noch etwas anderes?«

Johannes mußte nachdenken.

»Die Tatzenzungen«, fiel ihm endlich ein. Eigentlich hießen sie »Katzenzungen«. Er hatte die Schachtel mit den kleinen Schokoladenstückchen vergangenen Sonntag von Mutters Freundin bekommen. Und nur ein paar – wirklich nur ganz wenige! – hatte er schon aus der Packung gegessen.

»Das macht nichts!« entschied Antje. »Es ist immerhin ein Geschenk von Johannes persönlich!«

Oliver fand das auch.

Ja, und Antje würde ein Bild für Mama malen. Auf ein großes Blatt mit vielen Farben. Mama freute sich nämlich immer sehr über ihre Bilder. Die ganz schönen hängte sie in der Küche auf. »Damit ich sie oft ansehen kann!«

Das letzte Bild war schon ein bißchen alt. Höchste Zeit, daß Antje ein neues malte!

»Außerdem werde ich ein Gedicht aufsagen!« erklärte sie noch. »Wir lernen es gerade in der Schule.«

Oliver hätte es gerne jetzt schon gehört. Doch Antje hatte es ja heute zum ersten Mal gelesen. Bis zum Sonntag aber würde sie es tadellos können. Klar!

Aber mit welchem Lied sollten sie Mama wecken? Es mußte eins sein, das sie alle drei kannten.

»Weißt du, wieviel Sternlein stehen«, schlug Johannes vor. Das mochte er sehr!

Leider fanden Antje und Oliver dieses Lied nicht passend. Es sollte doch am frühen Morgen gesungen werden, wenn keine Sterne am Himmel standen! Johannes weinte fast! Schließlich war er aber einverstanden mit »Steht auf, ihr lieben Kinderlein«. Das mußte man nun umdichten in »Steh auf, du liebes Mamilein«.

Wahrscheinlich würde Mama über das »Mamilein« lachen. Doch »liebes Mütterlein« war noch schlechter, fanden die Kinder.

Natürlich mußte das Lied noch tüchtig geübt werden. Besonders Johannes sollte lernen, mit demselben Ton wie seine Geschwister zu beginnen. Nicht ein Stockwerk tiefer!

Sooft es ging, probten sie. Es ging immer nur, wenn die Mutter außer Hörweite war. Einmal sangen sie sogar im Keller. Beim Kartoffelholen! Das machte Spaß!

Und Spaß machte auch das Vorbereiten der anderen Dinge.

Am Samstagabend bat Antje Mama um den Wecker. Mama schüttelte den Kopf. Aber sie gab ihn her. Auch versprach sie, am Sonntagmorgen schön in ihrem Bett zu bleiben.

Dann war es soweit!

Antje wachte auf, längst, ehe der Wecker rasselte. War es die Aufregung?

Auch Oliver und Johannes wurden an diesem Sonntag früh munter.

Als Johannes in der Küche erschien, seufzte er, er habe »forchtbar Hummer«.

Doch Antje konnte das hungrige Brüderchen vertrösten. Johannes stieg dann verkehrt in seine Hose. Der Reißverschluß saß hinten. Sah das aus!

Oliver redete auf ihn ein. Schließlich zog Johannes die Hose noch einmal aus. Mit Olivers Hilfe schlüpfte er dann richtig hinein.

Oliver bekam anschließend Kummer mit seinen Haaren. Sie wollten sich an diesem Morgen absolut nicht zurechtkämmen lassen. Da mußte Gel her!

Nur gut, daß Antje gerade dazukam! Oliver hatte schon die Zahnpastatube in der Hand. Sie sah ganz ähnlich aus. Das hätte eine Frisur gegeben – mit Zahncreme in den Haaren!

Endlich standen die drei vor der Schlafzimmertür.

Oliver trug den Blumentopf. Er hatte ihn ganz allein gekauft. Wie rot die kleinen Begonienblüten leuchteten!

Antje hielt ihr Gemälde in der Hand.

Johannes umklammerte die Schachtel mit den »Tatzenzungen«.

»Ich zähle bis drei. Dann singen wir los!« wisperte Antje. Sie begann zu zählen: »Eins –«

Ihr Bild flatterte ein bißchen hin und her.

»Zwei –« Wackelte nicht auch der Blumentopf in Olivers Hand?

Johannes jedoch roch noch mal schnell an der Schokoladenschachtel. Zum Abschied gewissermaßen.

»Drei«, zählte Antje. Sie begannen zu singen. Oliver stimmte sofort mit ein. Nur Johannes brummte tief unten los. Wie früher. Doch er merkte es rechtzeitig. Der Rippenstoß seiner Schwester erinnerte ihn daran.

Sie sangen laut. Es klang schön. Für alle Fälle drückte Antje die Türklinke herunter. Damit Mama es durch den Türspalt gut hören konnte!

Gleich nach dem letzten Ton des Liedes rief Mamas Stimme von drinnen: »Guten Morgen, meine drei Racker! War das schön! Kommt herein!«

Antje ging voran, Oliver und Johannes dicht hinter ihr.

Mama lag noch schön in ihrem Bett. Hell schien die Sonne durch die halb geöffneten Läden. Sie zog Streifen durch das ganze Zimmer. Sah das lustig aus! Mama war ebenso gestreift wie ihre Bettdecke und der Schrank!

Antje atmete tief durch. Dann begann sie ihr Gedicht aufzusagen. Glücklicherweise war es nicht lang. Antje brachte es ohne Fehler, ohne Stocken zu Ende. Sie war richtig glücklich.

Mama auch. Man sah es genau.

Ihr Gesicht wurde noch fröhlicher, als ihr Antje das neugemalte Bild auf das Deckbett legte. Nun sah es allerdings gestreift aus. Trotzdem konnte man den großen, bunten Hahn deutlich erkennen. »Das ist zum Muttertag!« erklärte Antje.

Oliver wurde ungeduldig. »Das auch!« fiel er ein.

Mama, die gerade das Bild betrachtete, bekam den Blumentopf dicht vor die Nase gehalten. »Sie blühen sehr lange, hat die Gärtnerin gesagt«, fuhr er voll Eifer fort. »Und denk dir, der Topf hat bloß vier Mark fünfzig gekostet!«

Antje stieß ihren Bruder an. Das hätte er doch nicht zu sagen brauchen! Auch wenn er glücklich war, daß er noch fünfzig Pfennig übrig hatte!

Aber Mama lächelte. Sie nahm ihrem Jungen die Blume ab.

»Da hast du gut gekauft«, meinte sie. »Wie schön diese roten Blüten sind! Das wird auf unserem Fensterbrett wunderbar aussehen!«

Sie stellte den Blumentopf auf ihren Nachttisch.

»Ich dank dir auch«, fügte Oliver noch an. »Weil du soviel Arbeit für uns machst. Und überhaupt ...« Nun wußte er nicht mehr weiter.

Mama zog ihn einfach mit der Hand an sich und gab ihm einen Kuß. Den anderen Arm schlang sie um Antje und gab auch ihr einen. Plötzlich guckte Antje um sich. Wo war nur Johannes?

Sie schrie auf, sauste hoch.

Der Kleine lehnte an der Tür – und knabberte genüßlich eine Katzenzunge! Es war nicht die erste, seinem verschmierten Gesicht nach!

Oh, dieser Johannes!

Antje fuhr auf ihn los: »Mensch! Was fällt dir nur ein?«

»Altes Schleckmaul!« schimpfte Oliver.

Der kleine Missetäter, ertappt und erschrocken, ließ die Schachtel fallen. Ein paar Katzenzungen purzelten auf den Bettvorleger.

Immerhin waren noch welche übriggeblieben! Johannes heulte los.

Antje hätte am liebsten mitgeheult! Was sollten sie jetzt machen?

Antje schaute zu Mama. Eben stieg sie aus ihrem Bett. Vorsichtig ging sie um die verstreuten Katzenzungen herum auf Johannes zu. Sie nahm ihren Jüngsten bei der Hand. »Komm zu mir«, sagte sie in sein Geheule hinein.

Johannes schmiegte sich an sie. Dabei wischte er sein nasses Gesicht an ihrem Ärmel ab. »Hab sooo Hummer«, schluchzte er.

»Du Ärmster!« meinte Mama. »Ist das dein Geschenk?« Sie deutete auf die zwei Schachtelhälften und die Schokolädchen.

Der Kleine nickte und schniefte. »Und ich hab dich lieb«, erklärte er.

Mama gab ihm einen Kuß. »Dankeschön!« sagte sie. »So etwas Feines!« Dann kauerte sie sich nieder. »Nun sammeln wir alles wieder in die Schachtel. Hilfst du mir?«

Johannes kniete sich neben die Mutter. Im Nu hockten auch Antje und Oliver auf dem Bettvorleger. Alle suchten die Katzenzungen zusammen. Nur gut, daß es eine so große Schachtel gewesen war!

Antje atmete auf. Mama war kein bißchen ärgerlich. Im Gegenteil. Wie sie da so saßen, sagte sie nämlich: »Kinder –

ist das nicht lustig jetzt? Ich freu mich ja so! Ihr habt euch viel Mühe gegeben!«

Die Kinder schauten einander an. Wenn das so war . . .

»Wißt ihr was?« fuhr Mama fort. »Am besten bleiben wir einfach hier sitzen! Und futtern weiter! Na, was meint ihr?«

Die zwei Jungen nickten begeistert. So etwas gab es sonst nie am frühen Morgen!

Antje murmelte etwas wie ». . . ist doch für Mama ganz allein gedacht!«

Doch Mama behauptete: »Mir schmeckt die Schokolade viel besser, wenn ihr sie mit mir teilt! Wenn ihr euch auch freut!«

Darauf gab es natürlich nichts mehr zu sagen.

So saßen nun alle vier aneinandergelehnt auf dem flauschigen Teppich. Sie lutschten Katzenzungen. Oh, sie schmeckten herrlich!

Die Sonne schickte ihre Lichtstreifen durch die Ladenspalten. Samtig schimmerten die Blüten auf dem Nachttisch. Antjes Bild lehnte an Mutters Kissen. Seine Farben leuchteten. Der braune Rand um den Mund von Johannes wurde immer breiter. Jetzt war alles wieder gut.

Plötzlich fiel Antje die Frage der Lehrerin wieder ein. Jene Frage, auf die sie in der Schule keine Antwort gefunden hatte. Nun wußte sie, was ihr an Mama am besten gefiel!

»Bei dir werden schwierige und traurige Sachen immer wieder gut«, sagte sie versonnen. »Du kannst so schön trösten!«

Mama legte den Arm um sie. Dann meinte sie: »Was du eben gesagt hast, ist auch ein Geschenk! Weißt du das?«

Antje sah sie fragend an.

»Ich finde nämlich, daß ich manches besser machen sollte!« fuhr Mama fort. »Ich habe oft Schwierigkeiten. Aber dann werde ich auch immer wieder getröstet!«

Ach so! Antje begriff.

»Auch von Papa? Wirst du da auch getröstet?« wollte Oliver wissen.

»Von mir!« rief Johannes dazwischen. Mama lächelte. »Ja, von dir, von Papa, von Antje und von Oliver. Aber vor allem von Gott!«

»Mit Sotolade?« fragte Johannes.

Da mußten alle lachen!

Ach, war es schön, so beisammenzusein! Und dies war ja erst der Anfang des Muttertags ...

Übrigens – das Bild mit dem bunten Hahn bekam einen Ehrenplatz in der Küche. Und der Begonientopf blühte unermüdlich den ganzen Sommer lang. Für vier Mark fünfzig!

Ein Bagger, eine Überschwemmung und ein Paket

Jedes Kind hat mal einen heimlichen Wunsch. Nicht wahr? Alexander natürlich auch! Schon lange hatte er sich so einen Spielzeugbagger gewünscht: mit scharfen Greifzähnen und einer richtigen kleinen Kette.

Und nun war sein Papa von einer großen Reise zurückgekommen. Meist brachte er Alexander etwas mit. Das heißt: wenn der in der Zwischenzeit nichts angestellt hatte!

Das war nicht der Fall. So hatte Papa in seinem Koffer gekramt. Lange gekramt! Und endlich das Geschenk für Alexander gefunden: genau so einen Bagger! Leuchtend gelb und rot. Mit allem Drum und Dran. Alexander war restlos glücklich!

Was ließ sich alles mit dem Bagger anfangen! Der Nachmittag verging im Nu.

Noch am Abend war Alexander mit seinem neuen Spielzeug beschäftigt, am großen Tisch im Wohnzimmer. Papa und Mama saßen auch da. Gerade brachte das Fernsehen Nachrichten. Der Junge achtete nicht darauf.

Da war immer von seltsamen Sachen die Rede. Man verstand sie nicht. Außerdem sprach der Mann im Fernsehen meist so schnell. Alexander konnte ihn sowieso nicht leiden. Wenn dieser Mann redete, mußte man mäuschenstill sein! Papa wollte ihn genau hören. Das ärgerte Alexander oft. Allerdings, die Bilder sah er manchmal an.

Gerade kamen welche mit viel, viel dunklem Wasser. Straßenschilder und Baumwipfel guckten nur noch heraus. Man hörte Martinshörner tuten. Aber dann war alles schon wieder vorbei. Plötzlich rief Mama: »Wie schrecklich! Wie wird es Tante Margit ergangen sein?« Alexander ließ seinen Bagger los.

Tante Margit war Mamas Freundin. Sie wohnte weit weg. An einem großen Fluß. Einmal war Alexander mit seinen Eltern dort gewesen. Er erinnerte sich genau.

Aber – was war mit Tante Margit? Wieso redeten sie im Fernsehen über sie?

Mama erklärte: In den Nachrichten war eben gemeldet worden, daß eine furchtbare Überschwemmung gerade den Ort erreicht hatte, in dem Tante Margit wohnte!

Der Fluß war zu einem wilden Strom geworden, einem riesengroßen Strom, der in alle Straßen floß, Autos fortschwemmte, Masten umriß. Er war so stark, daß er Türen und Fenster eindrückte und in die Häuser eindrang. Vielleicht konnte er kleinere Häuser sogar umwerfen!

Allerdings hatte der Mann im Fernsehen nicht direkt von Tante Margit gesprochen. Aber das Haus, in dem sie mit Onkel Walter und dem kleinen Patrick zusammen lebte, lag nahe am Wasser. Ob die schlimme Überschwemmung bis dorthin gekommen war?

Sie wußten es nicht.

Alexander räumte leise seinen Bagger fort. Er ging schnell schlafen.

Wie schön lag es sich in dem warmen, molligen Bett! Alexander kuschelte sich behaglich zurecht.

Wo mochte der kleine Patrick wohl jetzt schlafen? Vielleicht war am Ende sein Bett fortgeschwommen?

Überhaupt – wie konnte nur so eine Überschwemmung geschehen? Papa hatte zwar etwas von schmelzendem Schneewasser erzählt. Aber Alexander war da nicht ganz mitgekommen.

Hatte Gott nicht mehr daran gedacht – hatte er vergessen, daß er keine Sintflut mehr kommen lassen wollte? Oder war die Sintflut noch etwas anderes gewesen?

Auf alle Fälle betete Alexander für die Leute, die von der Überschwemmung betroffen waren. Daß Gott ihnen irgendwie helfen solle.

Im übrigen war er sehr froh, daß sie nicht selbst an einem so gefährlichen Fluß wohnten!

Zwei Tage später lag eine Postkarte im Briefkasten. Eine traurige Karte von Tante Margit, mit ganz krakeligen Buchstaben geschrieben.

Der schreckliche, reißende Strom war bis zum Dach ihres Häuschens gestiegen! Viele, viele Sachen hatte er mit fortgerissen.

Das Wasser war inzwischen wohl etwas gesunken. Aber die anderen Dinge waren nun von den schmutzigen Fluten naß und kaputt: Betten und Schränke, Teller und Töpfe, Teppiche, Kleider und Bücher und Spielsachen. Und das Haus! Alles!

Tante Margit und Onkel Walter und der kleine Patrick lebten. Gottlob! Aber sie waren arm geworden.

Alexander sah über seine Sachen hin: die Legosteine und die Bücher. Seine Kassetten und den Werkzeugkasten. Den Traktor und die Spielzeugautos. Den Drachen mit dem lustigen Gesicht und die Kinderuhr an der Wand. Natürlich auch den Tornister. Und vor allem: den neuen Bagger!

Er dachte an die Hemden und Pullis in seiner Schublade.

Die Schuhe im Fach. Die Hosen im Schrank. Wenn das alles nun fort wäre! Oder naß, matschig und verdreckt! Nicht auszudenken!

»Wir müssen Tante Margit helfen!« erklärte Mama. »Ich werde sofort ein Paket packen.«

Da wollte Alexander auch mitmachen! Er stieg auf den Dachboden und suchte einen großen Karton.

Mama trug allerlei zusammen. Ihre neue weiche Strickjacke. Den warmen Rock. Zwei Blusen. Flauschige Frottiertücher. Ihren Jogginganzug. Warme Hausschuhe. Eine bunte Schürze, die lustige mit den großen Kirschen drauf.

Alexander machte große Augen.

Papa brachte den schönen Hausanzug von Weihnachten. Einen Schal. Socken. Den Pulli mit dem Zopfmuster. Seine warme, karierte Autodecke. Den kleinen Radiorecorder. Ein paar Bücher.

Alexander machte noch größere Augen.

Schließlich legte Mama sogar die große Pralinenschachtel dazu. Papa hatte sie ihr doch erst mitgebracht! Und sie mochte Pralinen doch so gern!

»Das gebt ihr her?« platzte Alexander heraus. »Eure schönen, neuen Sachen? Die ihr doch selber braucht und gern habt?«

Mama schaute kurz zu ihm herüber. »Natürlich«, antwortete sie. »Tante Margit braucht sie doch viel nötiger! Sie hat ja fast nichts mehr!«

Das stimmte. Und es war ja schlimm – so etwas – aber ... die schönen Sachen! Es mußte trotzdem schwer sein, sie einfach so herzugeben!

Alexander seufzte. Alte Sachen, die man nicht mehr

brauchte – ja, das war etwas anderes! So wie sein Trainingsanzug, der ihm zu klein war.

Mama legte ihn eben zu den anderen Dingen und meinte: »Nur gut, daß Patrick jünger ist als du. Da kann er nun alle abgelegten Sachen von dir bekommen. Manche sind ja wenig getragen.«

Die herzugeben – nein, das fiel nicht schwer! Aber sonst . . .

»Es macht richtig Spaß, das alles einzupacken«, sagte Mama weiter. »Und wenn ich daran denke, wie sich alle drei freuen werden!« Sie wandte sich an Alexander: »Nun fehlt noch etwas zum Spielen für Patrick. Möchtest du ihm nichts mitschicken?«

Alexander erschrak. Genau davor hatte er sich gefürchtet – insgeheim gefürchtet: daß Mama ihn so fragen würde! Nun mußte er sich entscheiden!

Wenn es nur ein bißchen leichter wäre! Er liebte alle so sehr, seine Spielsachen!

Wie paßte er auf, daß sie keine Schrammen abbekamen! Daß keine Legos verlorengingen! Meistens! Alexander stiegen Tränen in die Augen.

Mama lächelte ihm zu und sagte: »Das Paket geht heute nicht mehr weg. Überleg dir die Sache ruhig bis morgen früh! Im übrigen ist es, glaube ich, jetzt Zeit für dich zum Schlafen.«

Nach dem Abendgebet und Mamas Gutenachtkuß lag Alexander noch eine ganze Weile wach. Er konnte einfach nicht schlafen! Morgen sollte doch das Paket zur Post! Patrick hatte nichts mehr zum Spielen!

Alexander drehte sich in seinem Bett von einer Seite auf die andere.

Langsam wurde ihm klar: Etwas herschenken wollte er schon. Nur – was? Das war noch schwieriger!

Er überlegte hin und her. Vielleicht die Hälfte seiner Legosteine?

Aber damit konnte man nicht viel anfangen. Außerdem war Patrick wahrscheinlich noch zu klein, um damit zu bauen.

Oder den Traktor?

Allerdings war der blaue Trecker schon ein bißchen alt. Nur wenn man vorsichtig fuhr, verlor er nicht das linke Hinterrad.

Patrick sollte doch etwas Gutes, Brauchbares bekommen!

Alexander wälzte sich in seinen Kissen herum.

Ja – eins oder zwei von den kleinen Autos könnte er ja hergeben. Sie waren noch tadellos. Allerdings, ein bißchen wenig!

Lesen konnte Patrick auch noch nicht. Sonst hätte Alexander eines seiner Bücher mitschicken können.

Er überlegte weiter. Er dachte alle seine Spielsachen durch.

Die Sache wurde nun immer schwieriger!

Alexanders Bett war schon ein ganz zerwühltes Nest!

Doch dann hatte er sich entschlossen! Er zog die Kissen wieder zurecht. Und nun konnte er einschlafen.

Sobald Alexander am anderen Morgen aufwachte, sprang er aus dem Bett. Er wollte gleich tun, was er sich vorgenommen hatte! Papa und Mama hatten doch auch ihre guten Sachen weggegeben!

So griff Alexander nach seinem Bagger. Dem schönen, neuen Spielbagger! Er trug ihn hinüber ins Wohnzimmer und legte ihn oben auf den großen Karton. Für den kleinen Patrick!

Mama kam herein. Sie sah den Bagger mit einem Blick. Ihr Gesicht leuchtete auf. Sie nahm Alexander in die Arme. Ganz fest. »Wie wird sich Patrick freuen!«

Später half Alexander Mama, das große Paket fertigzumachen. Es war ziemlich schwer geworden. Sie brachten es zum Postamt.

Von dort aus ging das Paket auf seine lange Reise.

Auf dem Heimweg pfiff Alexander alle möglichen Lieder. So froh war er!

Tage vergingen. Dann brachte der Postbote wieder Nachricht von Tante Margit: einen Brief für die Mutter. Und eine Karte für Alexander. Eine Karte, die Tante Margit selbst gezeichnet hatte. Ganz einfach, nur mit einem schwarzen Stift.

Sein Bagger war das ja auf der Karte – vielmehr Patricks Bagger! Und der Junge daneben mußte Patrick selbst sein.

Auch Wörter standen dabei. In schöner Schrift. Alexander buchstabierte: »JESUS CHRISTUS SPRICHT: WAS IHR GETAN HABT EINEM MEINER GERINGSTEN BRÜDER, DAS HABT IHR MIR GETAN!«

Alexander mußte das noch einmal lesen. Und ein drittes Mal. Es war ein bißchen schwierig, was da stand. Der »geringste Bruder« sollte wohl Patrick sein? Anscheinend. Dann hätte also er, der Alexander, sozusagen auch dem Herrn Jesus seinen Bagger geschenkt?

»Das verstehe ich nicht!« sagte Alexander ganz ratlos und gab Mama die Karte.

Sie lächelte. »Das heißt ganz einfach, daß sich der Herr Jesus ebenso darüber freut – wie eben Patrick«, meinte sie.

Ach – so war das! Alexander nahm die Karte wieder. Er steckte sie an das Bild über seinem Bett.

Es war ja merkwürdig: Den Bagger hatte er fortgeschenkt. Er konnte nicht mehr damit spielen. Trotzdem war Alexander glücklich.

Vielleicht hing es mit dem zusammen, was auf der Karte stand. Eigentlich seltsam – aber schön!

Die Lebkuchengeschichte

Auch Joachim freut sich immer sehr auf die Weihnachtszeit. So wie du.

Aber Joachim denkt nicht nur an die Geschenke und das alles. Er freut sich besonders auf die Lebkuchen.

Vielleicht sagt man bei euch »Pfefferkuchen« oder »Pfeffernüsse« zu diesem Gebäck.

Die Lebkuchen, die Joachims Mutter backt, sind ganz besonders fein. Sein Vater sagt, keine in der ganzen Stadt kämen an Mamis Lebkuchen heran. Und das will schon etwas heißen!

Weißt du: Joachim findet jedes Jahr, die Lebkuchen schmeckten um so besser, je älter sie würden. Und die letzten aus Mamis kupferner Dose sind immer die allerfeinsten.

Eigentlich lustig, nicht?

Aber daß dieses Backwerk eigentlich eine Geschichte hat, wußte Joachim nicht.

Es war an einem trüben, naßkalten Dezembertag. Ach, der Nachmittag würde lang werden!

Denn ausnahmsweise hatte Joachim an jenem Tag sehr wenig Hausaufgaben bekommen. Nur etwas zu rechnen. Und ein Bild fertigzumalen.

Beim Geschirrabtrocknen nach dem Mittagessen sagte Anne-Katrin, seine Schwester: »Heute habe ich so gut wie nichts auf – stellt euch vor!«

Anne-Katrin war schon dreizehn Jahre alt. Sonst saß sie meistens lange an ihren Schularbeiten.

»Das trifft sich gut!« meinte die Mutter. Sie lächelte dabei so verschmitzt. Wie wenn sie etwas Besonderes vorhätte.

Und tatsächlich! Sie fuhr fort: »Ich habe nämlich gedacht, wir könnten heute nachmittag Lebkuchen backen!«

»Prima!« rief Joachim. Am liebsten hätte er einen Purzelbaum geschlagen. Aber das ging in der Küche schlecht.

»Klasse!« fand Anne-Katrin.

Joachim brach in ein richtiges Indianergeheul aus. Leider war das so laut, daß es den kleinen Thomas aus seinem Mittagsschlaf weckte.

Mit rotgeschlafenen Bäckchen kam er in die Küche getrippelt. Barfuß!

Er war noch klein. Und manchmal hatte er Angst, etwas Schönes zu versäumen. Und nun wollte er gleich mithelfen beim Lebkuchenbacken. Sicher meinte er das Teigschlekken!

Aber es war ja noch gar nicht soweit!

Außerdem konnten sie den Kleinen im Augenblick nicht gebrauchen. Er würde überall mit seinen Fingerchen dazwischen sein. Thomas sollte noch für anderthalb Stunden in den Kindergarten gehen.

Mama redete auf ihn ein. Sie versprach ihm, sie würden bestimmt noch beim Backen sein, wenn er wiederkäme. Ganz bestimmt! Endlich entschloß sich Thomas.

Anne-Katrin, die »so gut wie keine Hausaufgaben« hatte, brachte das Brüderchen weg.

Joachim setzte sich an seine Rechenaufgaben. Aber komisch – er verrechnete sich dauernd! Waren die Aufgaben schwerer als sonst? Oder kam das vielleicht von den Lebkuchen?

Joachim klappte das Heft zu. Ach was! Am Abend würde er noch einmal darangehen. Ausnahmsweise! Und das Bild würde er auch noch fertigbekommen!

Joachim ging in die Küche zurück. Da kam auch Anne-Katrin wieder. Nun konnte es losgehen!

Natürlich banden sich alle große Schürzen um. Wie richtige Bäcker.

Und Joachim machte sich schnell aus einer Tüte eine hohe Bäckermütze. Da faltete Anne-Katrin auch eine für Thomas, wenn er wiederkäme.

Mama hatte inzwischen einen großen Klumpen festen Honig in die Teigschüssel gegeben. Die setzte sie auf den Herd. Der Honig sollte zergehen.

Anne-Katrin durfte Zucker abwiegen, Mehl sieben und Eier aufschlagen.

Eigentlich hätte Joachim das auch gern getan. Doch bei ihm geriet immer so viel daneben. Aber er konnte Backbleche einfetten, Gewürzpäckchen öffnen und Anis in der Kaffeemühle mahlen.

Es gab auch Nüsse zu zerkleinern, den Mandeln die braune Haut abzuziehen und Teig zu rühren.

So war in der Küche ein emsiges Treiben.

Und ein Duft begann sich auszubreiten! Joachim schnupperte. Herrlich!

Da kam ihm plötzlich ein Gedanke. »Du, Mama«, meinte er, »eigentlich ist es schade, daß wir nur einmal im Jahr Lebkuchen backen! Man könnte doch genauso auch im Sommer, zum Beispiel zu meinem Geburtstag . . . Mir würden Lebkuchen das ganze Jahr über schmecken!«

Anne-Katrin platzte heraus: »Natürlich – unser Schlekkermaul!«

Mama aber rührte weiter. Sie meinte nur: »Nein, das geht nicht, Joachim. Lebkuchen gehören zu Weihnachten.«

Die Antwort genügte Joachim nicht. Für ihn war keine

Frage erledigt, bis man sie ihm nicht ganz genau beantwortet hatte.

Er nahm wieder einen Anlauf, ohne Anne-Katrin anzusehen. Sie mochte die Fragerei gar nicht.

»Wieso gehören sie zu Weihnachten?« forschte er. »Hat denn etwa das Jesuskind ...«

Er kam nicht weiter. Wieherndes Gelächter unterbrach ihn. Anne-Katrin! »Hihihiii – hat etwa das Jesuskind von den Weisen Lebkuchen zu essen gekriegt – was?«

Die Schwester ließ beinahe das Messer fallen. So kicherte sie.

Joachim schluckte. Diese dumme Ziege! Was gab es denn da zu lachen?

Am liebsten wäre er mit seinem fettigen Pinsel auf sie losgegangen!

Aber Mami sagte zu Anne-Katrin: »Hör auf, deinen Bruder auszulachen!«

Anne-Katrin zog einen Schmollmund. Sie wandte sich wieder ihren Nüssen zu.

»Es hat tatsächlich etwas mit Bethlehem zu tun«, erklärte Mami. »Das ist eine ganze Geschichte«, sagte sie geheimnisvoll.

Gespannt legte Joachim seinen Pinsel nieder. Mama wußte eine Geschichte über die Lebkuchen! Mama wußte überhaupt viele Geschichten.

Nur manchmal ließ sie sich sehr bitten, bis sie erzählte.

Auch Anne-Katrin war neugierig geworden. »Bitte, Mami! Erzähl uns die Geschichte von den Lebkuchen! Bitte!« Wie schön Anne-Katrin bitten konnte, wenn's darauf ankam!

»Ist sie auch wahr? Oder nur von jemand erfunden?« wollte Joachim wissen.

»Es ist eine Legende«, erklärte die Mutter.

Was war das nun wieder?

»Das bedeutet: Irgendwer hat die Geschichte erlebt und einem anderen erzählt. Der hat sie dann aufgeschrieben. Sie könnte so geschehen sein«, erklärte Mama.

Da war Joachim zufrieden.

Und nun konnte Mami also erzählen.

Aber sie wollte zunächst ihr erstes Blech fertigmachen für den Backofen.

Oh – wie langsam strich sie den duftenden, braunen Teig auf dem Blech glatt! Und nun noch sorgfältig in die Ecken! Joachim seufzte.

Lächelte Mama vor sich hin?

Endlich schob sie die ganze Ladung in die dunkle Backofenhöhlung und klappte die Ofentür zu. So!

Und nun begann sie zu erzählen.

»Es war eine Hirtenfamilie. Draußen, vor der Stadt Bethlehem, am Rand der Wüste, hatte sie ihr Zelt. Da wohnte sie.

Dort stand auch das Gehege für ihre Schafe und Ziegen.

Ihr Leben war arm und hart. Selbst in der Nacht mußten die Männer bei der Herde wachen.

Denn da waren Wölfe unterwegs und andere wilde Tiere, die Schafe fressen. Oder Räuber, die einen Lammbraten suchen.

In der Nacht backte die Hirtenfrau Brot.

Vielleicht hatte ihr die Arbeit des Tages keine Zeit dazu gelassen. Vielleicht war auch der Wind nicht kräftig genug gewesen. Denn ihn brauchten sie für das Feuer auf den Steinen, die ihr Ofen waren.

Man weiß nicht mehr genau, wie das war. Es ist wohl auch nicht wichtig.

Jedenfalls hat man diese Nacht später ›die Heilige‹ genannt.

Ihr wißt, was damals geschah. Mitten in der Nacht:

Engel Gottes kamen zu den Hirten und sagten die frohe Botschaft: ›EUCH IST HEUTE DER HEILAND GEBOREN!‹

Erst erschraken die Hirten sehr, aber dann fingen sie an, sich sehr zu freuen. Sie vergaßen alles andere dabei.

Sie liefen nach Bethlehem hinein. Mit ihren eigenen Augen wollten sie das sehen, was sie von den Engeln gehört hatten. Und die Frau vergaß ihr Brot im Backofen ...

Auf dem Heimweg waren sie so glücklich und ein bißchen durcheinander von dem, was sie im Stall erlebt hatten.

Und da – da fiel ihnen das Brot wieder ein.

O nein! Was würde mit dem Teig inzwischen passiert sein?«

Mama machte eine Pause.

Joachim seufzte auf. »Verbrannt natürlich – oder wenigstens angekohlt«, murmelte er. »So wie bei uns mal der Kuchen! Weißt du noch, damals, als Frau Berger so lange mit dir an der Wohnungstür geredet hat ...«

Frau Berger war die Nachbarin.

»Dasselbe fürchteten die Hirten auch«, fuhr Mami in ihrer Geschichte fort. »Sonst, an gewöhnlichen Tagen, wäre das schlimm gewesen. Die Männer hätten wahrscheinlich gescholten und geflucht. Die Frauen hätten gejammert und die Kinder geheult!

Aber nun hatte der kleine Heiland in seiner Futterkrippe ihre Herzen verwandelt. Das Licht von ihm ging mit in ihren harten Alltag. Mit in ihr hartes Hirtenleben.

Nun war alles anders.

Sie sagten nicht viel, sondern liefen schnell ihrem Platz zu. Vielleicht war noch etwas zu retten!

Und wenn eben doch der ganze Brotteig verbrannt sein sollte – nun, irgendwie würde das nicht eine solche Katastrophe sein wie vorher, ehe sie dem Heiland begegnet waren.

Vielleicht würde die Mutter am nächsten Tag noch einmal backen müssen. Vielleicht würde sie Rinde unter das Mehl mischen, damit es reichte. Oder sie würden eben etwas weniger essen können.

So kamen sie zu ihrem Backofen.

Und da – was für ein eigenartiger Duft!

Nicht ein Geruch nach Verbranntem, anders.«

Mama stand auf. Sie ging hinüber zum Herd.

»Ja«, sagte sie, »es ist soweit. Seht, so ein Duft muß das gewesen sein!«

Sie öffnete vorsichtig die Backofentür. Duftende Schwaden zogen aus der Öffnung.

Joachim kam näher. Auch Anne-Katrin.

War es nicht gerade so wie bei den Hirten?

»Es muß ihnen ähnlich gegangen sein«, meinte Mama. »Ein wunderbar süßer Duft schlug ihnen aus dem Ofen entgegen. Ganz anders, als ihr Brot sonst duftete.«

Sie nahm die Topflappen und zog vorsichtig das Blech

aus dem Ofen heraus. Dunkelbraun war der Teig gebacken worden.

»Seht«, erzählte Mama weiter, »das Brot der Hirten war zwar recht dunkel geraten. Aber es war keineswegs verbrannt.

Die Frau brach ein Stückchen davon ab und versuchte es.

Da schmeckte sie etwas, was sie nie zuvor gegessen hatte: ein süßes, würziges Gebäck.«

»Das muß der Engel gewesen sein«, murmelte Joachim. Wer sonst hätte so etwas tun können?

Anne-Katrin lächelte. Glaubte sie das nicht?

Aber Mami nickte Joachim zu. »Du wirst recht haben!«

Dann fuhr sie fort: »In ihrer Freude wollten die Hirten auch die anderen an dem Wunder teilhaben lassen. Die Verwandten und Freunde und guten Nachbarn. So zerteilten sie das Gebäck in viele kleine Stücke und gaben sie weiter. Alle wunderten sich darüber und freuten sich mit.«

Mama nahm das große Messer zur Hand. Langsam schnitt sie den gebackenen, dampfenden Teig in viereckige Stückchen. Ach so – die Zuckerglasur!

Joachim hatte sie beim Zuhören völlig vergessen! Nun rührte er sie schnell um.

Anne-Katrin legte die Lebkuchenstücke auf einen Drahtuntersatz. Joachim begann, sie anzupinseln. Das sah nun fast aus wie Reif oder Schnee.

Ob bei den Hirten wohl auch ein bißchen weißer Reif auf den Brotstückchen war?

Aber Mamas Geschichte war noch nicht zu Ende. »Später«, erzählte sie, »mußten die Hirten immer wieder an das Wunder denken, das in der Christnacht mit ihrem Brot geschehen war.

Zu schade, wenn es vergessen würde.

So versuchten sie dann, selbst so einen würzigen, süßen Teig herzustellen. Zum Andenken an damals.

Und dieser Brauch ist bis in unsere Tage erhalten geblieben. Auch wenn viele Leute die Geschichte vom Hirtenbrot nicht mehr kennen.«

»Eigentlich schade!« fand Anne-Katrin.

»Aber wir kennen sie jetzt!« rief Joachim. Er war so froh darüber.

Da kam Thomas zurück. In der Küche erhielt er seine Mütze und wurde in die Reihe der Bäcker aufgenommen.

Er durfte Mandelhälften auf die glasierten Lebkuchenstücke legen. Wie gern er das tat! Und am Ende blieb natürlich noch ein Teigrest für ihn in der großen Rührschüssel.

Wie schnell war der Nachmittag um! Der trübe Dezembernachmittag!

Und eigentlich mochte Joachim seither die Lebkuchen noch lieber als vorher.

Denn er mußte dann immer an die Geschichte denken, die damals mit dem Hirtenbrot in Bethlehem geschehen war.

Oder geschehen sein könnte, wie Mama sagte. Und manchmal stellte er sich vor, er sei ein Hirtenjunge. Und das Lebkuchenstück, Mamas Lebkuchen, sei so ein ganz richtiges, echtes Wunderbrot. Aus der heiligen Nacht.

Die Sache mit dem gelben Licht

Das gelbe Licht hat mit dem Auto von Tilmans Eltern zu tun. Aber zunächst besaßen sie überhaupt noch keines!

»Warum denn nicht – wie die anderen Leute?« fragte Tilman immer wieder. Sein Papa versuchte, es ihm zu erklären. Es hatte mit Geld zu tun. Tilman begriff durchaus, was das bedeutete! So klein war er nicht mehr! Trotzdem war es sehr schade.

Doch einmal verriet Mama ihm, daß sie für ein Auto sparten. Das tröstete ihn ein Weilchen. Leider dauerte die Sparerei lange. Schrecklich lange! Wurde es überhaupt noch etwas?

Aber eines Tages erzählte sein Papa, er habe sich nach Autos umgesehen. Sie hätten jetzt nämlich einiges Geld beisammen. Für ein gebrauchtes Auto müßte es reichen.

Er hätte ein gutes angeboten bekommen. Kein sehr großer Wagen. Aber für sie reichte er gut.

Wie er aussehe? Fast wie neu! Papa und Mama hatten sogar schon eine Probefahrt gemacht. Sie waren sehr zufrieden.

Tilman platzte fast vor Neugier! Zum Glück hatte Papa einen Autoprospekt mitgebracht. Darin waren Fotos von außen und innen und genaue Beschreibungen. Sie steckten die Köpfe zusammen.

Später nahm Tilman das Autoheft mit ins Bett. Er wollte genau wissen, was darin stand. Besonders über den Motor, die Geschwindigkeit, Instrumente und überhaupt alles!

Wenn das nur nicht so viele schwere Wörter gewesen

wären! Tilman mußte sie mehrere Male lesen und vor allem viel fragen!

Da Mama auch dafür war, wollten sie am nächsten Samstagmorgen das Auto kaufen. Zu dumm, daß Tilman da Schule hatte!

Aber als er heimkam, sah er es schon von weitem stehen. Ein leuchtendrotes Auto! Einfach super! Und was alles an ihm dran war!

Tilman hüpfte vor Freude darum herum. Am liebsten wäre er auf der Stelle eingestiegen und hätte sich alles ganz genau angeguckt!

Leider hatte Mama schon das Mittagessen fertig. Danach sollte dann die erste Fahrt starten.

Endlich standen sie miteinander unten, vor ihrem schönen Auto. Papa schloß auf. Als erster durfte Tilman auf den Rücksitz klettern. Dann stiegen Papa und Mama vorne ein.

Tilman rutschte hin und her. Er freute sich so schrecklich! Ging es denn noch nicht los?

»Einen Augenblick«, sagte Mama. Sie kramte in ihrer Handtasche.

Tilman stand auf. So konnte er besser sehen. Was mochte das sein?

Mama hielt ein weißes Kärtchen in der Hand. Darauf war etwas gedruckt. Tilman streckte den Hals. Dann las er halblaut: »DER HERR HAT SEINEN ENGELN BEFOHLEN, DASS SIE DICH BEHÜTEN AUF ALLEN DEINEN WEGEN.«

Das Schildchen klebt von selbst«, erklärte Mama. »Soll ich es hier in der Mitte anbringen?« Sie deutete auf eine Stelle neben dem Armaturenbrett.

Papa nickte: »Ja, tu das!«

»Warum denn?« wollte Tilman wissen. »Fahr doch los!«

»Sofort!« antwortete Mama. »Es ist wichtig, daß wir das hier wissen!«

Tilman setzte sich zurück. Ach, Mama mit ihren Sprüchen! Und einer von Engeln! Hatte schon jemand einen gesehen? Brauchte man sie überhaupt? Das war doch etwas für kleine Kinder!

Allerdings dachte er das nur. Sonst wären sie am Ende noch später losgefahren!

Endlich steckte Papa den Zündschlüssel ein. Der Motor begann zu summen. Und schon ging es los!

Nun fuhren sie also wirklich und wahrhaftig! Fuhren im eigenen Auto! Ein ganz neues Gefühl!

Tilman saß stumm auf seinem Sitz. Wie schön weich er war! Draußen, vor dem Fenster, glitten Häuser vorbei, Menschen, Gartenzäune. Dann blieb die Stadt hinter ihnen. Man sah Bäume, Schrebergärten, Wiesen und Felder.

Gleichmäßig brummte der Motor. Ruhig rollte ihr rotes Auto auf der geraden Straße dahin. Ab und zu überholte einer. Andere Wagen huschten auf der Gegenfahrbahn an ihnen vorbei. Toll! Ganz große Klasse!

Aber nach einer Weile hatte sich Tilman sattgesehen. Papa und Mama sprachen halblaut miteinander. Tilman öffnete seinen Sicherheitsgurt und stand auf. Jetzt wollte er mal genau sehen, was alles am Armaturenbrett war.

Schon vorhin hätte er das zu gern betrachtet. Doch nun, während der Fahrt, war es womöglich noch interessanter!

Welches Tempo fuhren sie wohl gerade? Tilman versuchte, auf den Tacho zu sehen. Leider konnte er die Zahl nicht erkennen. Aber etwas anderes fiel ihm plötzlich auf.

Er tippte auf Papas Schulter: »Was ist da für ein gelbes Licht neben dem Tacho?«

»Ich sehe keins!« war die Antwort.

»Doch«, erwiderte Tilman, »guck – hier!« Er deutete nach vorn.

»Nein!« kam es wieder von dort, »ich kann nirgends eine gelbe Kontrollampe sehen!« Papas Stimme klang ziemlich ungeduldig.

Mama wandte sich um. »Bitte, Tilman, setz dich wieder hin und schnall dich an!« sagte sie.

Tilman gehorchte. Er versuchte, die Gegend draußen zu betrachten. Alles lag im hellen Sonnenschein.

Aber dann fiel ihm wieder das Licht ein. Die Sache ließ Tilman keine Ruhe. Er mußte unbedingt noch einmal danach schauen! So stand er nach wenigen Minuten wieder. Angestrengt blickte er nach vorn.

»Papa!« rief er. »Da ist wirklich ein gelbes Licht! Sieh doch!« Er beugte sich vor, soweit er konnte. Papa mußte es doch auch sehen!

»Laß mich jetzt endlich in Frieden damit!« fuhr ihn sein Papa an. Er drehte halb den Kopf zu Tilman und sagte energisch: »Setz dich!«

Da – ein Laster! Er raste auf sie zu – groß – ganz nah! Tilman sah die riesigen Räder neben sich. Gewaltiges Brausen dröhnte in seinen Ohren. Er duckte sich. Schon war es vorbei!

Der Laster war ganz dicht vorbeigerast. Aber die Bäume! Sie fuhren ja direkt auf die Bäume am Straßenrand zu!

Tilman preßte die Fäuste vor die Augen. Er hielt die Luft an.

Die Bremsen quietschten. Es gab einen harten Ruck. Tilman spürte den Sicherheitsgurt vor der Brust. Das tat weh. Dann merkte er: das Auto stand.

Er atmete auf und nahm die Hände vom Gesicht. Seine Knie zitterten. Sie standen mit ihrem Auto am Straßenrand, dicht neben den Bäumen.

»Was war denn das?« wollte Tilman wissen. Er konnte noch gar nicht richtig denken. Alles war so schnell gegangen.

»Beinahe ein Unfall!« gab Papa zur Antwort.

Er kurbelte das Fenster herunter. Dann holte er eine Zigarette heraus. Mit dem Anzünden bekam er Schwierigkeiten. So sehr zitterten seine Hände! Tilman sah es genau.

Mama wandte sich um. Wie bleich ihr Gesicht war! »Hast du dir weh getan?« fragte sie. Ihre Stimme klang völlig anders als sonst.

Tilman schüttelte den Kopf.

»Gott sei Dank!« sagte Mama. Sie seufzte auf.

Papa rauchte in hastigen Zügen. »Menschenskind – wenn das schiefgegangen wäre!« meinte er. »Dieser schwere Laster hatte ein ziemliches Tempo!« Er zog an seiner Zigarette.

Dann fuhr er fort: »Ist euch klar, daß von unserem schönen, neuen Auto nur noch ein Blechhaufen übriggeblieben wäre?«

Papas letzte Worte hörten sich an, als ob er etwas im Hals stecken hätte. Er räusperte sich. Dann sprach er weiter: »Bloß gut, daß hinter uns weit und breit keiner fuhr! Sonst hätten wir auch noch andere in Gefahr gebracht!«

Bei Tilman kam langsam das Denken wieder.

Mama hielt sich an Papas Arm fest. »Ich darf mir das gar nicht ausmalen!« flüsterte sie. Doch Tilman verstand es genau.

Erst jetzt durchfuhr ihn der Schreck. Er preßte die Hand auf den Mund, um nicht loszuschreien.

Wie entsetzlich, wenn seine Eltern und er jetzt da drüben auf der Straße lägen! Zwischen den Blechresten ihres Autos! Oder unter dem Lastwagen! Wenn sie bluteten und furchtbare Schmerzen hätten!

Tilman biß sich in die Hand. Nur nicht weiter denken ...

Seine Mama sah ihn an. »Es war eine Bewahrung, Kind«, sagte sie.

Ein Auto fuhr vorbei. Tilman wußte nicht, ob er seine Mama richtig verstanden hatte. Eine Bewahrung?

»Meinst du, es waren die Engel?« fragte er langsam. »So, wie es da auf dem Kärtchen steht?« Er deutete nach vorn.

Weiß leuchtete dort der Spruch auf dem schwarzen Untergrund. Dabei spürte Tilman, wie er rot wurde. Lang war das noch nicht her, daß er ihn doof gefunden hatte ...

Seine Mama nickte: »Ja, Til – die Engel.« Sie hatte Tränen in den Augen.

Engel sollten sie behütet haben? Das konnte doch nicht wahr sein!

»Ich hab keinen gesehen!« erklärte Tilman. »Keinen einzigen!« Allerdings hatte er zeitweise die Hände vor den Augen gehabt. Dazu war alles rasend schnell gegangen. Trotzdem ...

Mama lächelte ein bißchen. »Ich auch nicht!« gab sie zu.

Na, also!

»Du weißt ja«, fuhr sie fort, »Engel sind meist unsichtbar.« Sie machte eine Pause.

Tilman wurde von neuem rot. Natürlich – schon im Kindergarten hatte er davon gehört. Er konnte es längst wissen. Nur, er hatte nie damit gerechnet, daß es Engel wirklich gab!

»Ich bin sicher«, sagte seine Mama, »daß sie geholfen haben. Zum Beispiel, daß Papa noch im letzten Moment die Kurve sah! Daß er das Steuer herumreißen konnte, ehe wir auf den Laster prallten! Und andererseits nicht an den Bäumen landeten! Vielleicht machten sie auch, daß kein Auto nach uns kam!«

»Ach so«, murmelte Tilman.

Komisch – eine Bewahrung durch Engel hatte er sich immer anders vorgestellt, wunderbarer, glänzender! Er hatte ein bißchen an Zauberei gedacht. Wie in den Märchen für kleine Kinder.

Aber nun war sie ganz anders vor sich gegangen. Gewissermaßen völlig normal.

Und Mama glaubte, daß Gott bei der ganzen Sache dabei gewesen war! Er hatte das so gemacht oder seine Engel. Nicht einfach, das zu glauben!

Tilman kam ein Gedanke. Vielmehr eine Frage. »Meinst du, Gott hat uns beschützt, weil wir den Spruch da im Auto haben?« erkundigte er sich.

»Nein – das nicht!« antwortete Papa. »Der Spruch soll uns ja nur daran erinnern. Sonst würde man am Ende vergessen, wem man die Hilfe verdankt! Sonst könnte man meinen, man hätte eben Mords-Glück gehabt!«

»Aha«, brachte Tilman nur heraus. Das war's gerade!

»Vielleicht hilft uns das Kärtchen auch, daran zu denken, daß wir immer wieder in Gefahr sind. Und daß wir jedesmal neu um den Schutz der Engel bitten sollen!« fügte Mama hinzu.

Ein Laster brummte heran. Tilman fuhr zusammen. Aber schon war er vorbei. Da hinten fuhr er.

Ach, was! Er brauchte doch keine Angst zu haben!

Papa bewegte sich und machte die Autotür auf. Dann stieg er aus und klappte die Lehne vor. Er streckte Tilman die Hand hin: »Auf, komm raus! Setz dich hier vorne neben mich!«

Tilman gehorchte.

Papa stieg wieder ein. »So, nun zeigst du mir endlich mal dieses gräßliche gelbe Licht!« verlangte er. Dann ließ er den Motor an.

Tilman deutete auf eine Kontrollampe. Dabei sah er selbst: sie leuchtete grün. Hellgrün! »Von hinten hat das anders ausgesehen!« stotterte er. So etwas!

Sie schauten sich an. Papa schlug sich an die Stirn. »Und das hätte uns ums Haar einen Unfall gebracht!« Er seufzte. »Ich könnte jetzt noch das kalte Grausen kriegen – wenn ich nicht so unglaublich froh wäre!« Man sah es ihm an. Alle schwiegen.

Hintereinander summten ein paar Autos vorbei. Ein Vogel trillerte irgendwo in den Bäumen.

Der hat keine Schwierigkeiten mit einem gelben Licht, das eigentlich grün ist! dachte Tilman.

»Aber eins weiß ich«, begann Papa wieder. »Ich darf mich nicht mehr ablenken lassen!«

»Und du bleibst sitzen und schön angeschnallt«, meinte Mama.

Tilman sah zu ihr hin. Er war überrascht. »Trotz der Engel?« fragte er.

Wenn man den Schutz der Engel hatte, brauchte man ja keine Sicherheitsgurte mehr. Oder?

Papa lachte. »Du hast Ideen!« Dann wurde er wieder ernst. »Auf Gott vertrauen heißt nicht, sich leichtfertig in Gefahr bringen! Die Engel haben trotzdem noch genug zu tun, denke ich!«

Das stimmte nun auch wieder.

Außerdem: Er, Tilman, hatte etwas falsch gemacht. Das war klar. Dadurch hätte es beinahe ein Unglück gegeben. Trotzdem hatten weder Papa noch Mama geschimpft. Eigentlich sehr, sehr nett!

Tilman kämpfte ein bißchen mit sich. Wie gut, daß er da so eingekeilt zwischen seinen Eltern saß! Das machte es leichter, zuzugeben: »Ich – ich bin an allem schuld! Es soll nicht wieder passieren ...« Er meinte es ganz ernst.

»Dann ist es gut, Til«, sagte Papa.

Er wollte den Arm um Tilmans Schulter legen. Mama hatte im gleichen Moment dasselbe vor. Ihre Hände boxten aneinander. Tilman dazwischen bekam einen Stoß ab. »Jetzt habe ich Haue gekriegt!« rief er. Da mußten sie lachen.

Tilman war sehr, sehr glücklich.

»Wollen wir überhaupt noch weiterfahren?« erkundigte sich schließlich Papa.

»Ich denke schon!« meinte Mama. »Was, Tilman?«

Er nickte. Ja, jetzt hatte er wieder Lust dazu. So kletterte er zurück auf seinen hinteren Sitz und legte den Gurt an. Er kuschelte sich zurecht, bis er bequem saß. Nun konnte die Fahrt weitergehen!

Aber komisch – immer wieder mußte Tilman nach vorne zu dem weißen Schildchen schauen. Erkennen konnte er die Buchstaben von hier aus nicht. Doch er wußte ja, was darauf stand. Der Spruch sollte an Gottes Versprechen erinnern, hatte Papa gesagt.

Anscheinend war das wichtiger, als Tilman gedacht hatte. Es war vor allem etwas, was einen froh machte! Wie gut war Gott!

Muttis Geheimnis

Christine und Julia sind Freundinnen.

Sie sitzen in derselben Klasse. Und wohnen sogar im gleichen Haus. Julia im ersten Stockwerk, Christine im zweiten. So können sie auch jeden Tag miteinander zur Schule gehen.

Gerade haben sie Schulschluß, eine Stunde früher als sonst, weil die Religionslehrerin krank ist. Und das am ersten Tag nach den großen Ferien!

»Komm, wir laufen um die Wette!« schlägt Christine vor. »Wer zuerst daheim ist!«

Schon oft haben sie aus dem Heimweg ein Wettrennen gemacht. Das war immer lustig! Denn beide Mädchen sind ungefähr gleich schnell.

Doch nun verzieht Julia ihr Gesicht. »Bitte nicht! Ich kann heute nicht!«

»Och!« Christine ist verblüfft. »Was ist los? In der Schule ging's dir doch noch gut.« Im Weitergehen schaut sie Julia an. Julia hinkt ein bißchen!

»Ach, weißt du: Beim Sitzen hab ich es ausgehalten. Aber wenn ich gehe, dann spüre ich es sehr. Besonders heute! Rennen ist ausgeschlossen!«

Christine nimmt die Freundin beim Arm: »Jetzt erzähl mal. Hast du dich verletzt? Das hast du mir noch gar nicht erzählt!«

Julia ist mit ihren Eltern und Geschwistern erst vorgestern abend aus den Ferien zurückgekommen. Da weiß man noch nicht alles, was die andere erlebt hat!

Julia wird rot. Christine sieht es genau.

»Nein, verletzt nicht«, antwortet Julia. »Es ist . . .« Sie schluckt. »Meine Schuhe – sie sind – wir kamen auf einer Wanderung doch mal in einen fürchterlichen Regen – und da sind meine Schuhe – sind sie wahrscheinlich eingelaufen, und jetzt – jetzt drücken sie mich – drücken vorne an den Zehen . . .«

Julia ächzt.

Christines Herz ist voller Mitleid. Die arme Julia! Zu enge Schuhe sind schrecklich!

»Am besten kauft dir deine Mama heute noch ein Paar neue«, meint sie. »Vorletzte Woche hab ich auch welche gekriegt. Hast du sie überhaupt schon gesehen?«

Julia schüttelt den Kopf. Ihr Gesicht ist traurig.

»Es sind Mokassins«, erklärt Christine, »prima Schleicher! Die wären auch was für dich!«

Julia gibt keine Antwort. Ein paar Schritte gehen sie schweigend und ganz langsam.

»Warum sagst du nichts?« Christine ist unruhig. Die Freundin hat irgend etwas, was sie bedrückt. Außer der Sache mit den Schuhen!

»Sag, gefallen dir Mokassins nicht?« forscht Christine. »Möchtest du lieber Turnschuhe?«

Julia schüttelt erneut den Kopf. Sie seufzt. »Ich bekomme gar keine neuen Schuhe!« sagt sie leise.

Christine bleibt stehen. Hat sie richtig gehört? »Keine? Du brauchst aber doch . . .«

Julia zuckt mit den Schultern. »Mama sagt, diese Schuhe müssen noch bis zum Winter reichen. Dann kriege ich Stiefel. Vorher gibt es nichts!«

Das kann Christine nicht verstehen! Julia tun doch die Füße weh – die Schuhe sind zu klein geworden – und da . . .

Gibt es das denn, daß sich ein Kind weiter damit herumquälen muß?

»Seid ihr so arm?« platzt Christine schließlich heraus.

Im selben Moment fällt ihr ein: Julias Vater geht ja zur Arbeit wie ihr eigener. Beide verdienen Geld! Daran kann es nicht liegen!

Julia zuckt die Achseln wie vorhin. »Ich weiß nicht«, gibt sie zur Antwort.

Dann schweigen beide wieder und gehen eingehängt weiter.

Bei Julia ist es allerdings mehr ein Humpeln.

Christine denkt angestrengt nach.

In der Wohnung von Julias Eltern ist es eigentlich ebenso nett wie bei ihnen. Das weiß Christine. Das heißt: im ersten Stockwerk steht sogar ein Videorecorder. Bei Christines Eltern nicht. Tja – warum kann dann die Freundin wohl keine Schuhe bekommen?

»Ich weiß nicht!« wiederholt Julia.

Christine möchte ihr so gerne helfen! Jetzt kommt ihr eine Idee.

»Sind denn keine abgelegten Schuhe von Tanja mehr da? Könntest du die nicht so lange tragen?« schlägt sie vor.

Tanja ist Julias ältere Schwester.

Aber Julia winkt ab. »Leider nicht!« sagt sie kläglich. »Die sind viel zu groß! Sogar mit einer dicken Einlegesohle. Vorne muß ich einen ganzen Bausch Watte reinstopfen! Glaub mir: Darin geht es sich genauso schlecht wie in diesen engen Dingern! Ich hab es schon probiert . . .«

Schwierig – schwierig!

Ziemlich ratlos guckt Christine die Freundin aus den Augenwinkeln an.

Eigentlich ist Julias Kleid recht kurz und knapp. Anders als ihr eigenes. Christine fällt das jetzt erst auf.

Ja – und wie oft hat sie die Freundin schon von ihrem Pausenbrot abbeißen lassen! Oder ihr den eigenen Apfel geschenkt, wenn Julia nichts mithatte!

»Vielleicht hat deine Mutti doch irgendwie wenig Geld«, meint Christine. So ganz aus ihren Gedanken heraus.

»Na ...« erwidert Julia. »Jedenfalls hat sich Mama erst neue Schuhe gekauft! Aus Lackleder, mit hohen Absätzen!«

Überhaupt ist sie eigentlich immer schicker gekleidet als ihre, Christines Mutter.

Rätsel über Rätsel!

Aber bei den großen Leuten gibt es öfter mal Dinge, die nicht zu verstehen sind!

»Womöglich hat meine Mutti ein Geheimnis?« fragt sich Christine im stillen.

Goldesel gibt es allerdings nur im Märchen! Vielleicht hat sie jedoch ein geheimes Sparbuch? So daß sie ihren Kindern kaufen kann, was sie gerade brauchen?

Irgendein Geheimnis muß ihre Mutter haben! Wenn sie es nur wüßte!

Unterdessen sind die zwei Mädchen bei ihrem Haus angelangt. Gerade schließt Frau Limberg aus dem Erdgeschoß auf. So können die zwei Freundinnen mit hinein, ohne zu klingeln.

Die Frau verschwindet in der ersten Wohnung. Julia bleibt im nächsten Stockwerk an der Glastür stehen und läutet. »Bis später!« sagt sie.

Christine steigt noch eine Treppe höher.

Sieh mal an: Da steckt ja der Schlüssel an ihrer Wohnungstür! Vermutlich hat Mutti vergessen, ihn herauszunehmen, als sie vom Keller kam. Oder sie trug in beiden Händen Einkaufstaschen und dachte hinterher nicht mehr an den Schlüssel.

»Gut – da will ich mich mal reinschleichen – und Mutti überraschen!« beschließt Christine. »Sie erwartet mich sowieso nicht um diese Zeit! Das wird lustig!«

Vorsichtig dreht das Mädchen den Schlüssel um. Leise klickt das Schloß. Der Türspalt wird breiter.

Hoffentlich knarrt die Tür nicht in den Angeln!

Auf Zehenspitzen geht Christine hinein. Langsam schließt sie die Wohnungstür hinter sich. Kaum hörbar schnappt die Tür ins Schloß. Das hat geklappt!

Wo Mutti wohl gerade ist? Wahrscheinlich in der Küche!

»Probieren wir's mal!« denkt Christine.

Anschleichen hat ihr der ältere Bruder beigebracht. Er spielt gern »Indianer«.

So pirscht sich Christine langsam den Flur entlang. Auf katzenpfotenweichen Sohlen. Wie auf dem Kriegspfad!

Innendrin gibt es dabei so ein schön prickelndes Gefühl. Wie Sprudel! Noch zwei Schritte zur Küchentür.

So – da sind wir! Der Schlüssel steckt dort nicht. Also läßt es sich ungehindert durch das Schlüsselloch gucken!

Christine bückt sich. Und kneift ein Auge zu.

Das Helle, Große – ja, das ist der Tisch.

Und darauf – glänzende, runde Dinger. Kleine und größere. Ach so: Geld! Geldstücke! Kupferne und silberne. Auch Scheine. Alles weit ausgebreitet.

Nicht gerade wenig! Oho – hat Mutti da ihre Geheimkasse ausgeräumt? Zählt sie gerade ihren Schatz?

Wozu doch Anschleichen gut sein kann! So kommt sie hinter Muttis Geheimnis! Sogar schneller als gedacht!

Christine schaut weiter. Da links – Muttis Hände. Gefaltet. Wirklich – gefaltet.

Und jetzt: ihre Stimme! Mama spricht mit jemand. Wer ist bloß bei ihr in der Küche?

Christine gibt sich alle Mühe. Sehen kann sie jedoch niemand. Das Schlüsselloch ist zu klein!

»Hilf du mir, dieses Haushaltsgeld richtig einzuteilen«, hört Christine. »Vor allem, daß ich nicht zuerst an mich denke!«

Und dann, nach ein paar Atemzügen: »Du hast es uns ja gegeben!«

Nun schweigt Mutti. Ah – anscheinend redet sie mit Vati. Über das Geld und so.

Ist er denn schon zu Hause? Oder hat er heute frei?

Merkwürdig!

Jetzt müßte er Antwort geben. Irgend etwas sagen.

Christine spitzt die Ohren. Doch es bleibt still in der Küche drinnen.

Christine versucht es noch einmal. Sie sieht angestrengt durch das Schlüsselloch, so weit man schauen kann. Nach allen Seiten.

Außer der Mutter entdeckt sie niemand.

Ob Mutti am Ende doch allein ist?

Aber sie spricht ja mit irgendwem! Eben wieder!

»Danke!« versteht Christine. Und »Lieber himmlischer Vater!«

Das trifft Christine. Fast wie ein Indianerpfeil!

Sie wagt kaum zu atmen.

Langsam richtet sie sich auf.

Zu sehen gibt es ja nun nichts mehr.

Es gibt nur noch eins: umkehren – zurückschleichen – raus aus der Wohnung!

Christine bewegt sich durch den Flur, so leise sie nur kann. Da – ein Geräusch in der Küche. Ein Stuhlrücken!

Du liebe Zeit! Mutti wird doch nicht herauskommen? Ausgerechnet in diesem Moment?

Christine möchte jetzt auf keinen Fall mit ihr zusammentreffen – auf ihrem Schleichpfad!

Sie hat doch Mutti belauscht – belauscht bei etwas Schönem. Eigentlich Wunderbarem! Das – das muß sie erst richtig begreifen ...

Drei Schritte noch – so! Da ist die Wohnungstür. Und nun vorsichtig aufgeklinkt! Gut – es ist beinahe nichts zu hören.

Jetzt behutsam die Tür zugezogen! Geschafft!

Christine steht wieder im Treppenhaus. Und muß tief Luft holen.

Sie lehnt sich an die Wand. Hier ist es ganz ruhig.

Langsam breitet sich eine große Stille über Christine aus. Wie eine weiche und warme Decke. Man fühlt sich wunderbar geborgen darunter.

Wer hätte das gedacht: Mutti redet mit – Mutti betet – betet am Küchentisch – für das Geld – daß sie mit dem Geld ...

Also ist das gar kein geheimer Schatz! Sondern Muttis Haushaltsgeld, das einen Monat lang reichen muß. Das weiß Christine!

Mutti teilt es ein. Und denkt dabei an Gott!

Und dann ist es mit einem Mal so, wie wenn in einen großen, dunklen Wald plötzlich Sonnenlicht fällt: Alles sieht auf einmal hell aus. Und klar.

Das – das muß Muttis Geheimnis sein! Muttis Geldgeheimnis! Daß sie alle Schuhe bekommen können. Und passende Kleider. Gutes Essen. Dazu täglich ein leckeres Pausenbrot.

Ja – und daß sich Mutti nicht einfach etwas Hübsches für sich kauft, wenn sie möchte – und ...

Christine horcht.

Ist das nicht Julias Stimme? Ganz fern. Aus der unteren Wohnung. Ach Julia! Wenn Julia wüßte ...

Aber über so etwas kann man eigentlich nicht reden. Über so ein Geheimnis.

Wahrscheinlich würde Julia auch nur traurig. Aufs neue traurig. Weil ihre Mama ...

Arme Julia!

Halt! Sie müßte ihrer eigenen Mutter von der Schuhangelegenheit erzählen, fällt Christine ein. Vielleicht wüßte sie, wie man der Freundin helfen könnte! Auf irgendeine Weise helfen könnte!

Christine drückt auf den Klingelknopf. Zugleich klinkt sie mit dem Schlüssel die Tür auf. Laut! Nicht zu überhören! Gleich wird Mutti kommen!

Christine wird es ganz warm ums Herz. Am liebsten möchte sie singen. Laut singen!

Ein schöner Tag

An vielen Tagen geschieht nichts Besonderes. Man vergißt sie auch schnell wieder.

Aber dann kommt einmal ein anderer Tag. Wie bei Matthias.

Matthias hat zwei Brüder. Sie sind größer als er und sagen manchmal »Kleiner« zu ihm. Sven ist drei Jahre und Christoph sogar sechs Jahre älter als Matthias.

Manchmal ärgert es ihn sehr, wenn sie »Kleiner« sagen. Es gibt aber auch Tage, da findet er es eigentlich ganz nett.

Die drei Brüder haben zusammen ein Zimmer. In einer Ecke steht Christophs Bett. In der anderen das Etagenbett von Sven und Matthias.

Sven schläft im unteren Stock. Matthias aber darf jeden Abend die kleine Leiter hochklettern, wenn er schlafen geht. Wie fein liegt es sich da oben!

Und dann ist da noch das Hängebrett neben seinem Bett. Matthias ist froh über das schöne Bord so dicht neben sich. Denn es gibt ein paar Dinge, die Matthias gern in nächster Nähe hat.

Manchmal kann man im Bett noch ein bißchen damit spielen. Etwa mit den kleinen Autos. Oder man kann die Bücher anschauen. – Er kann auch in der Dose kramen. Die Dose ist das Wichtigste auf dem Brett bei Matthias. Hier ist sie ein wenig sicherer vor den Brüdern.

Eigentlich steckte in der Dose früher mal etwas zum Essen. Aber dann war sie leer. Und weil sie so praktisch war und einen guten Deckel hatte – und weil Matthias sie dringend brauchte, hat Mutti sie ihm gegeben.

Matthias bewahrt nämlich jetzt seine Schätze darin auf. Ja – er hat Schätze gesammelt. Richtige Schätze!

Da sind zum Beispiel fünf lange Nägel. Sie sind ein bißchen krumm, und deshalb hatte der Zimmermann sie übrig.

Dann besitzt Matthias drei weiße, schöne Kieselsteine, ein Schneckenhaus und einen großen Schlüssel. Aber eine Tür gehört nicht mehr dazu. Die vier französischen Franken hat Vati ihm von einer Reise mitgebracht.

Und die schöne dicke Schnur brauchte Christoph nicht mehr. Ein roter Schraubenzieher ist auch noch da.

Dann besitzt Matthias eine kleine Taschenlampe und eine Handvoll Schrauben.

Drei wunderschöne, bunte Glaskugeln und ein halber Rückstrahler sind auch noch dabei.

Aber in der Dose ist noch Platz für andere Schätze. Man kann nie wissen, wozu sie noch zu gebrauchen sind, die Sachen. Matthias liebt sie sehr.

Und nun beginnt die Geschichte eigentlich erst richtig. Die Geschichte von dem schönen Tag.

Matthias wachte in seinem Bett auf. Im Zimmer war es noch ziemlich dunkel. Durch die Ritzen des Fensterladens drang nur schwaches Licht herein.

Er blinzelte umher. Drüben in der Ecke lag Christoph ruhig in seinem Bett. Seine Augen waren geschlossen. Er atmete tief. Also schlief er noch.

Matthias beugte sich vor und guckte hinunter. War Sven schon wach? Doch auch im Bett unten war es still. Mit zerwühltem Haar schlief der Bruder auf seinem Kissen. Einen Arm streckte er sogar weit über den Bettrand hinaus. Sah das lustig aus!

Zu dumm, daß die anderen noch schliefen! Ob es noch sehr früh war?

Matthias legte sich wieder zurück. Aber er konnte nicht mehr einschlafen.

Da fiel ihm etwas ein. Natürlich - seine Dose!

Mit beiden Händen holte er sie sich heran. Saß der Dekkel nicht richtig? Oder hatte Matthias nicht fest genug zugegriffen? Stell dir vor: Die Blechdose rutschte ihm aus den Händen! Es klapperte fürchterlich.

Die ganzen Schätze prasselten hinunter - die Kieselsteine und der Schraubenzieher, das Schneckenhaus, die Schnur, die Nägel, Glaskugeln und Franken, der halbe Rückstrahler und der große Schlüssel!

Ein Schrei von unten: »Mensch!« Sven fuhr aus seinem Bett. »Du bist wohl übergeschnappt - was?« rief er zu Matthias hinauf. Er rieb sich den Arm und die Stirn. »Bombardiert einen da mitten in der Nacht mit seinem Zeug. Ich glaube, ich habe wahrhaftig den Rückstrahler an den Schädel gekriegt!«

In der anderen Ecke schreckte Christoph hoch. Er knipste das Licht an und guckte auf seine Uhr. »Ist noch nicht sechs - und ihr macht so ein Getöse! Wer hat was an den Kopf bekommen?« fragte er zornig.

»Ich!« rief Sven. »Irgendwas von Matthias! Von seinem Kram! Dieser Mist! Schläft man da seelenruhig - und kriegt plötzlich etwas Hartes an den Kopf! Was fällt dir eigentlich ein, Kleiner - he?« Er fuhr auf Matthias los.

Das »Kleiner« klang jetzt drohend. Matthias hörte es genau. Stumm saß er oben in seinem Bett.

Er konnte sich nicht rühren. Es war zu schlimm! »Komm sofort herunter!« befahl Christoph aus seiner Ecke.

Matthias raffte sich auf. Mit zitternden Knien kletterte er die Stufen seiner kleinen Leiter hinunter.

Was kam nun? Würden sie ihn schlagen, die Großen?

Oder würden sie seine Schätze wegnehmen? Es stieg ihm heiß die Kehle herauf. Schon kamen die Tränen.

»Sammle zuerst dein Zeug auf!« sagte der Älteste. »Man stolpert ja bei jedem Schritt über irgend etwas! Los!«

Matthias griff zuerst nach seiner Dose. Dann kroch er auf dem Boden herum.

Vor Tränen sah er fast nicht, was er auflas. Sven warf ihm den halben Rückstrahler nach. Wie zornig er noch war!

Und Christoph kickte mit den Füßen die Glaskugeln, daß sie bis in die Ecke kullerten.

Matthias heulte auf. Da lachten die großen Brüder.

Sven hüpfte herum. »Wieder so eine Schraube!« schrie er und warf sie nach Matthias.

»Du«, heulte Matthias, »du -« Und er schleuderte den Schlüssel.

Das hätte er nicht tun sollen! Denn jetzt stürzten sich die Großen auf ihn!

»Matthias!« rief Christoph und packte den Übeltäter am Kragen. »Jetzt reicht's!«

Sven aber schrie: »Das fehlte gerade noch! Weißt du, was ich mit deinem Kram mache? In den Mülleimer kommt alles – jawohl! Das hört jetzt mal auf! Das Zeug stört mich schon lange! Ich will das nicht noch einmal am frühen Morgen auf den Kopf bekommen! Verstanden?«

Matthias schlug wild um sich.

Da ging die Tür auf. Mutti stand da.

Matthias spürte, daß Christoph ihn losließ.

Die Mutter blickte von einem zum anderen. Sie hatte ihre ärgerliche Falte zwischen den Augenbrauen. Nun sah sie auf den Boden. »Was ist denn hier los?« Ihre Stimme klang böse.

»Also: das war so -«, begann Christoph. Aber Sven fiel ihm ins Wort: »Ich habe noch geschlafen. Da hat Matthias einfach seinen ganzen Kram aus der Dose über mir ausgeleert!«

Matthias wurde es wieder heiß. Er schluckte. »Ist ja nicht wahr!« stieß er hervor. »Das habe ich nicht gewollt! Ich mußte etwas suchen. Da ist mir die Büchse umgekippt. Ganz aus Versehen! Ich habe das doch nicht gewollt . . .« Nun liefen ihm die Tränen wieder übers Gesicht.

Er blinzelte zu Mutti hinauf. Würde sie ihm auch glauben? Aber nun – lachte sie nicht ein bißchen?

Matthias konnte durch die Tränen Muttis Gesicht nicht genau sehen.

Doch sie nahm ihn bei der Hand. Ihre Hand war warm. Das tat gut.

Ihre Stimme klang anders als vorhin. Sie sagte: »Komm, Matti – sammle deine Sachen jetzt wieder auf.«

Matthias bückte sich.

Da tauchte Vatis Gesicht am Türspalt auf. »Nanu – da ist wohl schon wieder einiges los heute morgen – was?« brummte er.

Mutti wollte antworten. Aber Vati war schon wieder verschwunden.

Sie wandte sich den großen Brüdern zu. »Christoph, mach du die Fensterläden auf. Es ist jetzt hell«, sagte sie. »Und dann zieht ihr beiden euch drüben im Wohnzimmer an. Laßt Matthias allein seine Schätze zusammensuchen.«

Christoph und Sven packten ihre Sachen. »Nachher,

beim Frühstück, können wir miteinander über die Geschichte reden, bevor ihr in die Schule geht«, fügte Mutti noch hinzu.

Später saßen sie alle um den Tisch.

Aber – komisch! Geredet haben die Jungen nicht viel. Vati guckte ein paarmal fragend von einem zum anderen. Es schien, als ob den dreien die Brote auf ihren Tellern und die Milch in den Tassen wichtiger waren als alles andere – so tüchig aßen und tranken sie!

Oder hatten Christoph und Sven und Matthias ein bißchen nachzudenken? Vati fragte nicht weiter. Auch Mutti sagte nichts mehr.

In der Schule warf die Sonne helle Kringel auf den Platz von Matthias. Aber als er am Mittag nach Hause ging, war sie mit einemmal fort. Er sah viele graue Wolken am Himmel über sich. Und wie schnell sie dahinfuhren!

An der Ecke der Straße, wo sie wohnten, traf Matthias mit Christoph zusammen. Als sie miteinander ins Haus hineingingen, schlug der Wind plötzlich die Tür hinter ihnen zu.

»Das gibt Regen«, meinte Christoph. Er hatte recht.

Draußen fing es an zu rauschen. Schwere Tropfen klatschten gegen die Fensterscheiben. Wasser gluckerte das Abflußrohr hinunter.

Matthias stand am Fenster und schaute auf die nasse, glänzende Straße. Da sagte Mutti: »Das sieht aus, als ob es nicht so bald aufhören wollte! Zu dumm! Wie wird es Sven da gehen? Er hat nichts dabei. Bestimmt kommt er naß bis auf die Haut heim . . .«

Matthias dachte ganz schnell: »Geschieht ihm gerade

recht!« Aber dann sagte er laut: »Nein!« Die bösen Gedanken wollte er nicht weiter denken.

Matthias guckte auf Svens Stundenplan. Und dann auf die Uhr an der Wand.

Im nächsten Augenblick war er in seinen Anorak geschlüpft – hatte die Kapuze übergezogen. Und nun klemmte er Svens Regenjacke unter den Arm.

»Ich gehe und hole Sven an der Schule ab! Er darf nicht naß werden – er war doch erst krank!« rief er Mutti zu.

Über Muttis Gesicht ging ein Lächeln. »Fein, Matthias«, sagte sie.

So trabte er im strömenden Regen noch einmal zur Schule.

Kalte Tropfen klatschten ihm an die Beine und liefen über sein Gesicht. Er mußte sich tüchtig gegen den Wind stemmen. Aber er kniff die Augen zu und machte große Schritte. Auf einmal zuckte ein heller Blitz auf. Dann folgte ein krachender Donnerschlag!

Matthias spürte sein Herz klopfen. Ein Gewitter! Aber er lief weiter. Sein Bruder brauchte doch die Regenjacke!

»Ist ja Spitze, daß du kommst!« rief Sven, als er Matthias kommen sah. Er klopfte ihm auf die Schulter. »Unser Kleiner ist ein prima Kerl«, sagte er zu einem anderen Jungen an der Schultür. Er zog sich die Regenjacke über.

Matthias, der »Kleine«, war froh. Jetzt hörte er das Wort gern. War es nicht ein Lob?

Sie gingen miteinander durch den Regen nach Hause.

Während des übrigen Tages dachte Matthias nicht mehr an das, was am frühen Morgen passiert war.

Aber auf einmal fiel ihm alles wieder ein.

Das war am Abend. Matthias hatte sich schon gewaschen. Nun sollte er ins Bett gehen.

Er kam ins Jungenzimmer. Da sah er Christoph vor seinem Bett stehen.

Er hatte seine Dose!

Wie erschrak Matthias da! »Zu Mutti!« konnte er nur noch denken. Und ihren Namen rufen. Schon war er draußen.

Da hörte er hinter sich die Tür schnappen. »Halt! Matthias ...« rief Christophs Stimme. »Warte doch!«

Matthias blieb stehen. Aus der Küchentür kam Mutti. »Was ist?« fragte sie.

»Mutti – Christoph hat – meine Dose!« schluchzte Matthias.

»Jawohl – ich habe«, antwortete Christoph, »die Dose gehabt! Vielleicht schaust du mal ein bißchen hinein, ehe du weiterheulst, Matti.«

Der Große stand da und lächelte zu Matthias herunter. Das »Matti« klang freundlich. Beinahe so, wie es Vati manchmal sagte, wenn Matthias auf seine Knie klettern durfte.

Matthias kehrte um. Schnell die Leiter hoch! Und jetzt die Dose her! Den Deckel herunter!

»Oh ...«, brachte er nur heraus.

Dann griff er hinein. Ein neuer Schatz – ein ganz besonderer: eine Fahrradklingel!

Matthias bewegte den Drücker. Es klingelte ohrenbetäubend. Wie herrlich würde es sich damit spielen lassen!

»Hatte ich gerade bei meiner Fahrradreparatur übrig«, erklärte Christoph der Mutter.

Matthias legte seinen neuen Schatz in die Dose zurück. Er war nun sozusagen das Glanzstück seiner ganzen Sammlung! »Danke, Christoph«, sagte er.

Christoph war ihm sicher auch nicht mehr böse. Hätte er ihm sonst so einen seltenen Schatz gebracht?

Matthias rückte die Dose in die hinterste Ecke seines Bettes. Dort stand sie ganz sicher. Da konnte nichts mehr passieren!

Dann legte er sich zum Schlafen zurecht. Er zog das Deckbett hoch.

»Lieber Gott – war das ein schöner Tag heute!« flüsterte er. Und fröhlich schlief er ein.

R. Brockhaus Raben-Bücher

Bd. 206 **Flucht! – Kurs Ararat,** v. H. Kanitz
128 Seiten, Bestell-Nr. 23 206

Bd. 207 **Tip und seine Leuchte,** v. H. Sehauf
128 Seiten, Bestell-Nr. 23 207

Bd. 211 **Tom, der Zettelschneider,** v. W. Heiner
128 Seiten, Bestell-Nr. 23 211

Bd. 214 **Der Schatz der Tuscarora,** v. A. J. Gilliard
128 Seiten, Bestell-Nr. 23 214

Bd. 215 **Alles wegen Gisela,** v. B. Schmidt-Eller
128 Seiten, Bestell-Nr. 23 215

Bd. 220 **Fünf-Minuten-Geschichten,** v. B. Schmidt-Eller
128 Seiten, Bestell-Nr. 23 220

Bd. 222 **Gott liebt uns alle Tage** / Kinderandachten
400 Seiten, Bestell-Nr. 23 222

Bd. 223 **Unter dem Buyubaum,** v. P. White
80 Seiten, Bestell-Nr. 23 223

Bd. 225 **Und der Wind sagt: Komm!** v. H. Horie
144 Seiten, Bestell-Nr. 23 225

Bd. 226 **Überraschung im Treppenhaus,** v. M. Zink
96 Seiten, Bestell-Nr. 23 226

Bd. 227 **Meine Freunde und ich,** v. Joni Eareckson Tada
80 Seiten, Bestell-Nr. 23 227

Bd. 228 **Nilpferd-Geschichten,** v. P. White
96 Seiten, Bestell-Nr. 23 228

Bd. 229 **Daniel auf der Flucht,** v. G. Jahn
112 Seiten, Bestell-Nr. 23 229

Bd. 230 **Guter Gott wir danken dir** / Kinderandachten
384 Seiten, Bestell-Nr. 23 230

Bd. 231 **Ein Sommer mit Katrin,** v. Joni Eareckson Tada
96 Seiten, Bestell-Nr. 23 231

Bd. 232 **Dschungeldoktor in Afrika,** v. P. White
128 Seiten, Bestell-Nr. 23 232

Bd. 233 **Pimpelhubers Abenteuer,** v. D. Trobisch
128 Seiten, Bestell-Nr. 23 233

Bd. 234 **Christina schafft das schon!,** v. C. Schlüter
96 Seiten, Bestell-Nr. 23 234

Bd. 235 **Zwölf-Minuten-Geschichten,** v. M. Zink
80 Seiten, Bestell-Nr. 23 235

Bd. 236 **Vier-Minuten-Geschichten,** v. K. N. Taylor
96 Seiten, Bestell-Nr. 23 236

Bd. 237 **Wer ist der Dieb von Adlerfels?** v. C. Keller
128 Seiten, Bestell-Nr. 23 237

Bd. 238 **Rami,** v. B. Schmidt-Eller
112 Seiten, Bestell-Nr. 23 238

Bd. 239 **Das Versteck unter der Brücke,** v. A. Kühlwein
128 Seiten, Bestell-Nr. 23 239

Bd. 240 **Die Spur führt zum Bootshaus,** v. G. Jahn
96 Seiten, Bestell-Nr. 23 240

Bd. 241 **Wie kommt die Kokosnuß aufs Autodach?**
v. F. Pawelzik, 112 Seiten, Bestell-Nr. 23 241

Bd. 242 **Acht-Minuten-Geschichten,** v. M. Zink
96 Seiten, Bestell-Nr. 23 242

Bd. 243 **Christina fällt was Neues ein**, v. C. Schlüter
96 Seiten, Bestell-Nr. 23 243

Bd. 244 **Enid Blyton erzählt Geschichten von Jesus**
112 Seiten, Bestell-Nr. 23 244

Bd. 245 **Falkenauge im Turmversteck,** v. V. Heley
112 Seiten, Bestell-Nr. 23 245

Die Reihe wird fortgesetzt.

R. BROCKHAUS VERLAG WUPPERTAL